Hermann Kulke
Das europäische Mittelalter – ein eurasisches Mittelalter?

Das mittelalterliche Jahrtausend

Im Auftrag der
Berlin-Brandenburgischen
Akademie der Wissenschaften

Herausgegeben von
Michael Borgolte

Band 3

Hermann Kulke

Das europäische Mittelalter –
ein eurasisches Mittelalter?

DE GRUYTER

SBN 978-3-11-047615-6
e-ISBN (PDF) 978-3-11-047765-8
e-ISBN (EPUB) 978-3-11-047641-5

Library of Congress Cataloging-in-Publication Data
A CIP catalog record for this book has been applied for at the Library of Congress.

Bibliografische Information der Deutschen Nationalbibliothek
Die Deutsche Nationalbibliothek verzeichnet diese Publikation in der Deutschen Nationalbibliografie; detaillierte bibliografische Daten sind im Internet über http://dnb.dnb.de abrufbar.

© 2016 Walter de Gruyter GmbH, Berlin/Boston
Satz: Konrad Triltsch, Print und digitale Medien GmbH, Ochsenfurt
Umschlagabbildung: Bronzeskulptur des Buddha, 6. Jahrhundert n. Chr., unbekannte Herkunft aus Norwestindien/Afghanistan, gelangte auf den Ausläufern der Seidenstraße in die Wikinger-Handelsstadt auf der Insel Helgø westlich von Stockholm, wo sie 1954 entdeckt wurde. Photo: Sören Hallgren/The Swedish History Museum
Druck und Bindung: CPI books GmbH, Leck
♾ Gedruckt auf säurefreiem Papier
Printed in Germany

www.degruyter.com

Vorwort

Nach einem Mittelalterhistoriker (O. G. Oexle), einem germanistischen Mediävisten (Jan-Dirk Müller) und einem Islamwissenschaftler (Th. Bauer) konnte das Mittelalterzentrum der Berlin-Brandenburgischen Akademie der Wissenschaften für einen weiteren seiner Jahresvorträge den Indologen Hermann Kulke gewinnen. Mit seinen Erörterungen zum Thema „Gab es ein eurasisches Mittelalter?" am 17. 2. 2015 knüpfte Kulke an eigene ältere Forschungen an, denn schon 1982 hatte er den „Versuch einer eurasiatischen Geschichtsbetrachtung" unternommen (in: Saeculum 33, 1982, 221–239). Der universalhistorisch-vergleichende und globalhistorisch-beziehungsgeschichtliche Ansatz des Referenten fügte sich ausgezeichnet zum Bemühen des Berliner Zentrums, das „mittelalterliche Jahrtausend" als Epoche vieler Kulturen zu begreifen. Wie zeitgemäß und wichtig unser neuer Zugriff auf die vormodernen Jahrhunderte ist, zeigte das wiederum starke Interesse der Zuhörer in einem dicht besetzten Leibnizsaal der Akademie.

Ich danke Hermann Kulke sehr dafür, dass er sein Manuskript für unsere Reihe zur Verfügung stellt und es hier in überarbeiteter Form im Druck vorlegt. Mein Dank gilt ebenso dem Verlag Walter De Gruyter, der die beim Akademie Verlag eröffnete Reihe mit diesem Band fortsetzt, besonders aber dem Lektor Dr. Jacob Klingner und seinen Mitarbeiterinnen Maria Zucker und Julia Hachula für ihre stets engagierte Mitwirkung bei dieser Veröffentlichung.

Die Reihe wird fortgesetzt.

Michael Borgolte

Das Mittelalter: ein eurasisches Phänomen? Historiographische Überlegungen

Ich danke der Berlin-Brandenburgischen Akademie der Wissenschaften und insbesondere Herrn Professor Borgolte, mir mit ihrer Einladung die Gelegenheit zu geben, mich nochmals mit der Frage beschäftigen zu können, ob das Mittelalter *sui generis* einzig ein Phänomen europäischer Geschichte sei, eine Frage, die mich seit Beginn meines Studiums beschäftigt.[1] Ich erinnere mich noch recht gut an den Vortrag, den der bedeutende Münchner Sinologe und Ostasienhistoriker Herbert Franke in den frühen sechziger Jahren an der Universität Freiburg zu dem Thema „Das Chinesische Mittelalter" hielt.[2] In der anschließenden Diskussion stellte ein Freiburger Historiker als erster die Frage „Gibt es überhaupt ein chinesisches Mittelalter?", die er selber in seinen weiteren Ausführungen kategorisch verneinte. Diese Frage, ob es außerhalb Europas ein Mittelalter gebe, bewegte mich, da sich im Verlaufe meines Studiums mein anfänglich starkes Interesse an der frühmittelalterlichen Geschichte Deutschlands zunehmend zur gleichzeitigen Geschichte der großen Regionalreiche Indiens verlagerte, die nach indischem Verständnis heute problemlos der Periode „Early Medieval India" zugerechnet werden.[3]

Bei diesen Überlegungen stieß ich in den Schriften des Göttinger Althistorikers Heuß in der von ihm und Golo Mann 1960–1965 edierten Propyläen Weltgeschichte erneut auf eine kategorische Verneinung der Existenz einer mittelalterlichen Periode außerhalb des Gebietes des Römischen Reiches. Auch wenn die folgenden Zitate nicht mehr dem heutigen Forschungsstand gerecht werden, betreffen sie unmittelbar und beispielhaft zentrale Themen meiner Ausführungen. In seiner Einleitung zum zweiten Band über die „Hochkulturen des mittleren und östlichen Asiens" kommt Heuß zur Periodisierung von Altertum und Mittelalter zu folgendem Urteil: „Der Gegensatz von Altertum und Mittelalter ist nur sinnvoll, so weit sich das Römische Reich und seine Grenzgebiete erstreckten, also für Europa, für Kleinasien, Syrien, Mesopotamien, Persien und für Ägypten und Nordafrika. Jenseits dieses Umkreises aber, überall da, wo die Wirkung dieser großen euro-

---

[1] Ich danke Frau Angelika Messner und den Herren Josef Wiesehöfer, Johannes Fried und Tilman Frasch für ihre hilfreichen Kommentare zu früheren Fassungen meines Vortrages. – Bereits 1982 stellte ich in einem Aufsatz die Frage „Gibt es ein indisches Mittelalter?", Kulke 1982.
[2] Franke datiert das chinesische Mittelalter auf die Zeit von 200 bis 600 n. Chr., nach dem Untergang des klassische Großreiches der Han-Dynastie bis zur Erneuerung des Reiches unter den Sui und T'ang Dynastien (Franke 1968).
[3] Chattopadhyaya 1994.

päisch-vorderasiatischen Wende nicht hinreichte, kann sie keinen Schatten einer Berechtigung für sich in Anspruch nehmen."⁴

In seinem Vortrag auf dem Deutschen Historikertag über „Weltgeschichte heute" gestand Heuß zwar den vier Zivilisationen Europas, des Islams, Indiens und Chinas „Weltcharakter" zu, doch gelangte er dann zu dem erstaunlichen Schluss, „dass Weltgeschichte es allenfalls mit einer relativen Welthaftigkeit zu tun hat und es sich deshalb lediglich um das Zusammenfügen gewaltiger Teile zu so etwas wie einem Ganzen handeln kann. Die Berührungen zwischen diesen Teilen waren zeitweise erheblich (Abendland – Islam, Islam – Indien, Indien – China), haben bekanntlich aber nie ausgereicht, einen einheitlichen euroasiatischen Wirkungszusammenhang herzustellen."⁵ Diese Auflistung regionaler Bezüge weist aber beträchtliche Lücken auf. Zu ihnen zählen eigenartigerweise die kulturellen Beziehungen zwischen dem Abendland und Indien und besonders zwischen Indien und Südostasien in der Zeit der sogenannten ‚Indisierung' Südostasiens. Die schwerwiegendste Lücke ist allerdings die nahezu vollständige Negierung Zentralasiens in dieser sogenannten Weltgeschichte. Es ist mir daher ein besonderes Anliegen, die keineswegs unbekannte, aber m. E. bisher viel zu wenig beachtete buchstäblich zentrale Rolle hervorzuheben, die Zentralasien und die von dort ausgehenden Migrationen in den gesamt-eurasischen historischen Prozessen bis in das Mittelalter spielten. Denn in unseren weltgeschichtlichen oder, wie es heute heißt, globalhistorischen Überlegungen stand und steht Zentralasien noch immer im Schatten der großen Kulturen und Geschichte Eurasiens, also Ostasiens, Indiens, des Vorderen Orients und Europas.

Im Folgenden will ich keineswegs ein eurasisches Mittelalter ‚konstruieren' und schon gar nicht die zweifelsohne existierende Eigenheit des europäischen Mittelalters ‚dekonstruieren'. Meine Absicht ist es vielmehr aufzuzeigen, dass das europäische Mittelalter nicht nur ein europäisches Phänomen *sui generis* war, sondern auch ein eurasisches Phänomen. Ich werde versuchen, dies anhand der Existenz eurasischer Wirkungszusammenhänge von der frühen Geschichte bis in die Zeit des europäischen Mittelalters am Beispiel transkontinentaler Migrationen und transkultureller Verflechtungen aufzuzeigen. Die Zeit des Mittelalters stellt einen Höhepunkt intensiver, jahrtausendealter vormoderner eurasischer Wirkungszusammenhänge dar, die in ihrer späten Phase zur Entgrenzung Europas und seines herkömmlichen Weltbildes beitrugen. Letztlich geht es auch darum, der postulierten Entgrenzung des spätmittelalterlichen Europas mit der Frage zu begegnen, ob das europäische Mittelalter tatsächlich derart ‚begrenzt' war, dass es

---

4 Heuß 1962: 19.
5 Heuß 1968: 19–21.

einer Entgrenzung bedurfte. Oder, mit anderen Worten, ob der sogenannte ‚Sperrriegel', den der Islam seit dem späten 7. Jahrhundert zwischen das christliche europäische Abendland und Asien legte, tatsächlich so undurchlässig war, dass man bis zur frühneuzeitlichen europäischen Expansion von einem Zeitalter „getrennter Kulturen" sprechen kann.

Es ist überaus erfreulich, dass schon in dem vergangenen halben Jahrhundert neue Ansätze erkennbar wurden, Europa und das europäische Mittelalter in einem gesamt-eurasischen Kontext zu verorten, wenn dies auch anfangs überwiegend nicht durch europäische Historiker geschah. Für die Frühzeit dieser Studien wären besonders zwei zu nennen. 1989 veröffentlichte Janet Abu-Lughod, die unlängst verstorben ist, ihr Buch *Before European Hegemony. The World System A. D. 1250 – 1350*.[6] Sie lehrte an der Northwestern University von Illinois und war Tochter Ibrahim Abu-Lughods; diesen bezeichnete Edward Said, der Verfasser des epochalen Werkes *Orientalism*, als „Palestine's foremost academic and intellectual". Bereits 1990 erschien das nicht minder bekannte Buch *Asia before Europe. Economy and Civilisation of the Indian Ocean from the Rise of Islam to 1750* des in London lehrenden indischen Professors Kirti Chaudhuri.[7] Ein vorrangiges Anliegen beider Werke war es, die Existenz hochentwickelter eurasischer Wirkungszusammenhänge von Wirtschaft und Kultur im Zeitalter des europäischen Mittelalters zu dokumentieren und damit ein kohärentes Bild des eurasischen Großkontinents als Vorstufe des wallersteinschen Weltsystems für diese Zeit aufzuzeigen.[8] Bei Abu-Lughod spielen beide Seidenstraßen eine zentrale Rolle, die transkontinentale terrestrische Straße und die maritime über den Indischen Ozean, die heute auch die „Seidenstraße des Meeres" genannt wird. Chaudhuris Verdienst ist es weiterhin, erstmals umfassend die arabisch-persische ökonomische Dominanz im Indischen Ozean bis in die Zeit der chinesischen maritimen Expansion im frühen 15. Jahrhundert aufgezeigt zu haben. Die zwei hier abgebildeten Karten beider Autoren verdeutlichen allerdings die damalige Marginalität Europas nördlich der Alpen.

---

6 Abu-Lughod 1989, 2005.
7 Chaudhuri 1990; kürzere Fassung bereits Chaudhuri 1985.
8 Wallerstein 1986.

4 — Historiographische Überlegungen

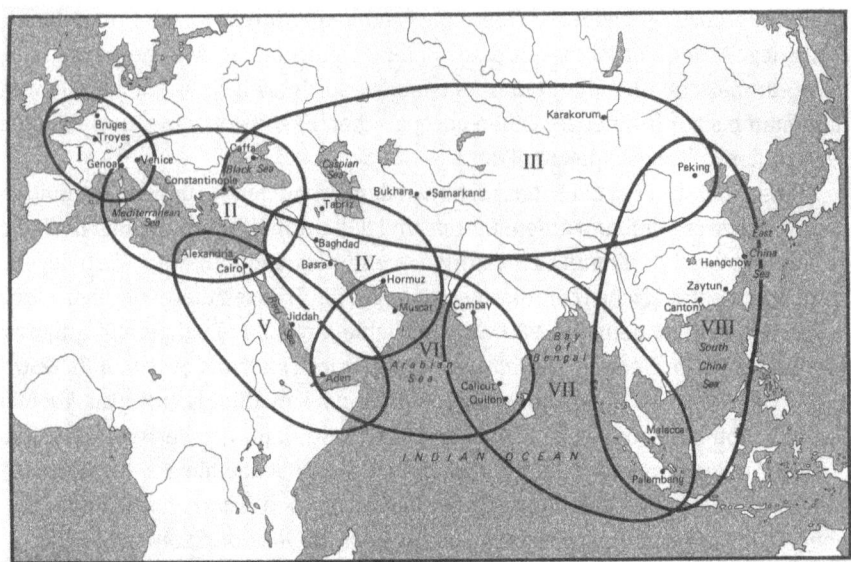

Abb. 1: Die acht Kreise des Weltsystems im 13. Jahrhundert – The eight circuits of the thirteenth-century world system (J. L. Abu-Lughod 1989: 34). © By permission of Oxford University Press, USA

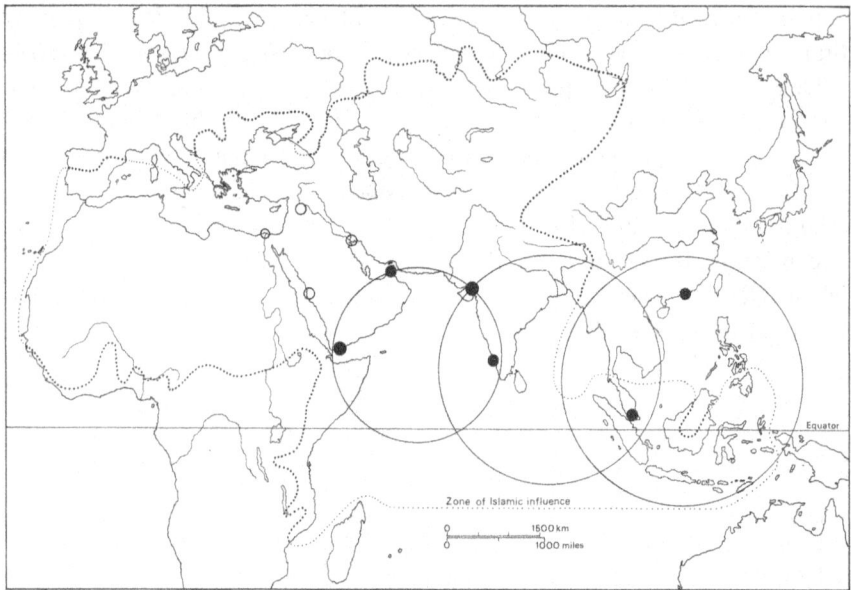

Abb. 2: Schema des Emporienhandels im Indischen Ozean: eine dreifache Überschneidung, ca. 1000 – 1500 – The pattern of emporia trade in the Indian Ocean: the triple segmentation, c. 1000–1500 (K. N. Chaudhuri 1985: 41). © By permission of Cambridge University Press, New York

Ein weiterer bedeutender Anstoß für vergleichende strukturgeschichtliche politisch-ökonomische Studien im eurasischen Kontext ging von Victor Lieberman aus, der an der Universität von Michigan Asiatische und Vergleichende Geschichte lehrt. Im Verlauf seiner Forschung in Südostasien stieß dieser im eurasischen Kontext auf „strange parallels", über die er später schrieb, „[they] provided my point of departure to consider patterns of political and cultural constructions across Eurasia".[9] Aus diesen Studien gingen 2003 und 2009 zwei umfangreiche Teilbände hervor mit dem gemeinsamen Titel *Strange Parallels. Southeast Asia in Global Context c. 800–1830.*[10] Der zweite Band mit dem Untertitel *Mainland Mirrors: Europe, Japan, China, South Asia, and the Islands* erweitert die eurasische Dimension seiner Untersuchungen beträchtlich. Bereits 1995 hatte Lieberman an der School of Oriental and African Studies (SOAS) der Universität von London eine wegweisende internationale Konferenz zu dem Thema „The Eurasian Context of Early Modern History of Mainland Southeast Asia, 1400–1800" veranstaltet. Sein einleitender programmatischer Beitrag zu dieser Konferenz trug den bezeichnenden Titel „Transcending East-West Dichotomies: State and Culture Formation in Six Ostensibly Disparate Areas".[11] Die von ihm vorgestellten Staaten Burma, Siam (das heutige Thailand), Vietnam, Frankreich, Russland und Japan verbanden u. a. folgende Affinitäten: „Lying on the periphery of older civilizations (in India, the Mediterranean, China), all imported world religions, developed urban centers, and underwent ‚secondary state formation' during the latter part of the first or the early second millennium C. E."[12] Zentrale Kriterien seiner vergleichenden Untersuchung der „strange parallels" bilden in diesen Staaten territoriale Konsolidierung, administrative Zentralisation und soziale Regulierungen, kulturelle Integration und wirtschaftliches Wachstum.

Aus den neun Beiträgen dieser Konferenz seien zwei von R. I. Moore und S. Subrahmanyam herausgegriffen.[13] Nach Moore („The Birth of Europe as a Eurasian Phenomenon") hatte die mittelalterliche Geschichte „an essential Eurasian context. The appearance of cited civilization in north-western Europe was an aspect of the general recovery after the decline of late antiquity, the geographical extension and social and cultural deepening of Eurasian civilization which was precipitated by the simultaneous expansion and meeting of the Tang and Islamic worlds. The East Roman (Byzantine) Empire was a full participant in the new world

---

9 Lieberman 2009: 895.
10 Lieberman 2003/2009.
11 Lieberman 1997: 463–546.
12 Lieberman 1997: 469.
13 Die Beiträge dieser Konferenz erschienen 1997 im Band 31/3, 449–762, der Modern Asian Studies.

order which followed. Western Europe was not, but its developments in the ninth and tenth centuries was continuously and profoundly influenced, if not shaped by the fringe benefits, as it were, of finding itself at the margin of the enormous and rapidly developing trading region. The Vikings and the Rus, Venice, Ottonian Germany, were among those who made rich pickings, as both traders and raiders."[14]

Der letzte Artikel dieser Konferenzberichte stammt von dem indischen Historiker Sanjay Subrahmanyam, Professor an der University of California in Los Angeles und seit 2013 Professor für „Histoire Globale de la Première Modernité" am Collège de France. Sein Artikel „Connected Histories: Notes Towards a Reconfiguration of Early Modern Eurasia"[15] geht zwar über die Periode des Mittelalters hinaus, stellt aber die inzwischen bekannte Theorie der „Connected History" vor, der der Verfasser später mehrere Monographien und Sammelbände widmete.[16] Subrahmanyam weist auf deutliche Parallelen frühmoderner staatlicher und wirtschaftlicher Entwicklungen unter den indischen Mogulen, den persischen Safawiden und den türkischen Osmanen hin.[17] Diese seien jedoch keineswegs nur den Einflüssen der frühen europäischen Expansion geschuldet, sondern gingen auch aus indigenen spätmittelalterlichen Entwicklungen dieser Staaten und ihren wechselseitigen Beziehungen hervor.

Verwiesen sei noch auf die jüngst erschienene *Cambridge World History*, insbesondere auf deren vierten und fünften Band. Wie die Titel zeigen, setzen sie sich von chronologisch-regional geordneten Weltgeschichten ab und lassen stattdessen Netzwerke transregionaler und transkultureller Verflechtungen und Konflikte als Schwerpunkte erkennen. So trägt z. B. der für unsere Überlegungen wichtige fünfte Band der Zeit von 500–1500 n. Chr. den Titel *Expanding Webs of Exchange and Conflict*.[18] Ein großer Teil der 25 Artikel ist in drei Sektionen aufgeteilt: *Eurasian Commonalities*, *Growing Interactions*, sowie *Expanding Religious Systems*. Wichtige Beiträge bieten Artikel über Migrationen pastoraler Nomaden in Zentralasien von A. M. Khazanow,[19] über Handelsgesellschaften im Indischen Ozean von H. P. Ray[20] und über die Ausbreitung des Buddhismus von T. Sen.[21]

---

14 Moore 1997: 599.
15 Subrahmanyam 1997.
16 U. a. *Explorations in Connected History: Mughals and Franks*, Delhi: 2004; ferner mehrere Arbeiten über die Mogulen und über die Portugiesen in Indien und Asien, Co-editor von *The Construction of a Global World, 1400–1800 CE*, in *The Cambridge World History*.
17 In späteren Arbeiten weitet er seine Theorien auch auf das Habsburger Reich und auf Spanien aus.
18 Kadar/Wiesner 2015.
19 Khazanow 2015.
20 Ray 2015

Auch im deutschsprachigen Raum hat sich einiges verändert. P. Feldbauer, B. Hausberger und J.-P. Lehners haben in der Wiener Reihe *Globalgeschichte. Die Welt 1000–2000* zwei auf unsere Zeit bezogene Bände veröffentlicht.[22] In ihrer Einleitung betonen sie, dass außereuropäischen Weltgegenden eine eigene historische Existenz zuzuerkennen sei und sie nicht in der geschichtswissenschaftlichen Peripherie des europäischen bzw. nationalen Zentrums verortet werden sollten.[23] Es gehe daher „nicht um die Nachzeichnung der Europäisierung der Welt, sondern um die Interaktion verschiedener Weltteile bei der Konstruktion unserer Gegenwart". Dies mache die zeitliche Erweiterung „über die Anfänge der europäischen Expansion im 16. Jahrhundert für eine Geschichtswissenschaft unentbehrlich".[24]

Die Herausgeber gelangen als Historiker zu Einsichten, die sich deutlich mit dem Anliegen dieses Beitrags berühren: „Die Welt des Islam (…) stellte nicht nur eine kulturelle Einheit dar, sondern trug auch zu einem kommerziellen und kulturellen Zusammenhalt des Raumes zwischen Sevilla und Samarkand bei. Ein verbindendes Element bildete auch das Weltreich der Mongolen, das sich im 13. Jahrhundert von den Steppen Zentralasiens ausgehend von China bis Europa erstreckte (…). Den Kern dieser vormodernen Welt bildeten Asien, der Indische Ozean und die arabische Welt"[25]. Beide Bände enthalten transregionale und transkulturelle Abhandlungen, wie z. B. diejenige von A. Schottenhammer über die kontinentale und maritime Vernetzung der mittelalterlichen Welt[26], von D. Rothermund und T. Frasch über den Indischen Ozean im Hochmittelalter[27] und über vormoderne Verflechtungen von Dschingis Khan bis Columbus von T. Ertl und M. Limberger.[28]

Die Bände der von Akira Iriye und Jürgen Osterhammel edierten sechsbändigen *Geschichte der Welt* folgen der üblichen Periodisierung, doch stellen sie diese unter thematische Schwerpunkte der jeweiligen Epochen. So folgt dem (leider noch nicht erschienenen) mittelalterlichen Band *Mobilität und Diversität 600–1350*[29] der von Wolfgang Reinhard herausgegebene spätmittelalterlich-frühneuzeitliche Band *Weltreiche und Weltmeere 1350–1750*.[30] Ganz in diesem

---

21 Sen 2015.
22 Feldbauer/Hausberger/Lehners 2008–2011, siehe hierzu auch Borgolte 2014d: 538.
23 Feldbauer/Hausberger/Lehners, in: Ertl/Limberger 2009: 10.
24 Feldbauer/Hausberger/Lehners, in: Ertl/Limberger 2009: 9–11.
25 Ertl/Limberger 2009: 12.
26 Schottenhammer 2011.
27 Rothermund/ Frasch 2011.
28 Ertl/Limburger 2009.
29 Kafadar im Druck.
30 Reinhard 2014.

Sinn vernetzen die einzelnen Kapitel ihre topographischen Schwerpunkte ausdrücklich durch politische und transkulturelle Verflechtungen mit ihrem Umland. Der umfangreiche Artikel von P. C. Perdue über die Großreiche der Zaren und Chinas trägt so den treffenden Titel *Imperien und Grenzregionen in Kontinentaleurasien*; im Hinblick auf die Nachfolgereiche der Mongolen unter den Timuriden und dem Tschagatai Khanat spricht Perdue von Kontinentaleurasien sogar von „Zentraleurasien".[31]

Der Herausgeber Wolfgang Reinhard lehnt bei der zeitlichen Abgrenzung des Bandes die Alternative „Frühe Neuzeit 1500–1800" nach der europäischen Periodisierung ausdrücklich ab, und zwar mit einer „eurasischen" Begründung: „Dabei zeigt sich, dass in anderen Erdteilen innerhalb dieser Zeitfenster ebenfalls Vorgänge von ‚Epoche machendem' Charakter zu beobachten sind. Hier seien nur genannt das Vordringen der Osmanen nach Europa, der Bruch Moskaus mit den Mongolen, der Aufstieg Timurs in Zentralasien, die Verdrängung der Yuan- durch die Ming-Dynastie in China und die Gründung des Königreichs von Ayutthaya in Südostasien im 14. Jahrhundert (…)."[32]

Neue Wege geht Michael Borgolte mit seinen Beiträgen zur „transkulturellen Mediävistik", von denen unlängst eine Auswahl in einem umfangreichen Sammelband unter dem Titel *Mittelalter in der größeren Welt* erschienen.[33] Hier einschlägig ist besonders der zweite Teil zum Thema „Transkulturelle und globale Mittelalterforschung". Während die eurasischen Studien sonst von Asienhistorikern oder von Vertretern der Leitdisziplinen der großen asiatischen Kulturregionen, wie etwa Islamkunde, Indologie oder Sinologie stammen, ist es bemerkenswert, dass diese Beiträge von einem Mediävisten verfasst wurden, der durch seine zahlreichen genuinen europäisch-mittelalterlichen Forschungsthemen[34] und seine Mitgliedschaft z. B. der Monumenta Germaniae Historica und des Konstanzer Arbeitskreises für mittelalterliche Geschichte ausgewiesen ist.

Als Herausgeber des Sammelbandes kennzeichnet B. Scheller die transkulturelle Mittelalterforschung Borgoltes mit zwei Begriffen: „Kognitive Entgren-

---

31 Perdue 2014: 135–147.
32 Reinhard 2014: 13. S. auch Gehler/Rolinger 2014, Bd. I: 1–28.
33 Lohse/Scheller 2014.
34 Zu nennen wären hier u. a. seine Arbeiten zu den Grafschaften Alemanniens, Karl dem Großen (2014a), zu Stiftungen und der mittelalterlichen Kirche. Erwähnenswert ist ferner, dass seine Promotion dem Gesandtenaustausch der Karolinger mit den Abbasiden und den Patriarchen von Jerusalem galt (1996).

zung" und ‚Gegenwartsbezug'.³⁵ Beide Eigenschaften treffen insbesondere auf Borgoltes Migrationsforschungen zu. Die Beiträge einer Sektion „Migrationen als transkulturelle Verflechtung im mittelalterlichen Jahrtausend. Europa, Ostasien und Afrika im Vergleich" hatte er 2010 etwa beim 48. Deutschen Historikertag unter Bezug auf P. J. Gearys Studie über die europäischen Völker der Mittelalters³⁶ eingeleitet und folgende Schlüsse gezogen: „Nur ein amerikanischer Mediävist hatte den Mut zu konstatieren, dass ‚Massenbewegungen in der europäischen Geschichte eher die Regel als die Ausnahme' waren; zum Beleg führte er [Geary] zahlreiche Migrationswellen von den Indoeuropäern über Kelten, Germanen und Slawen, Magyaren und Normannen bis zu den türkischen Eroberern in Griechenland und auf dem Balkan während des 13. bis 16. Jahrhunderts an. Diese mittelalterliche ‚Wanderungsepoche' habe Europa bis in die Gegenwart geprägt, so dass die Vorstellung reiner Völker unhistorisch sei, aber jetzt, am Beginn des dritten Jahrtausends, fürchte sich Europa vor einer neuen Migrationsperiode."³⁷

Die tiefgreifenden transkulturellen Verflechtungen Europas werden auch deutlich greifbar in Borgoltes Studie über die drei, in ihren Ursprüngen außereuropäischen, monotheistischen Religionen, Judentum, Christentum und Islam. Als Erben der Antike prägen sie den Aufstieg des Abendlandes seit 300 n. Chr.³⁸ Borgoltes Verdienst für die Eurasien-Forschung ist ein doppeltes. In seinen Projekten vernetzt er erstens die Diskurse internationaler transkultureller Forschungen mit europäischer Mittelalterforschung, die er zweitens verstärkt in die internationalen Diskurse einbringt. Globalhistorische Forschung zielt nach Borgolte auf transkulturelle Verflechtungen und zunehmende Vernetzung ab, sie „befreit aus Europas Enge und ist ein Heilmittel gegen übertriebene Sorge um die Bewahrung der eigenen Identität"³⁹ – eine gerade in Anbetracht der gegenwärtigen ‚Völkerwanderungen' in Europa zu bedenkende Feststellung.⁴⁰

---

35 Lohse/Scheller 2014: 1. Die Notwendigkeit einer ‚Entgrenzung' mag Borgolte auch auf die europäische Mediävistik bezogen haben, wenn er feststellt „Mediävistik, die wir betreiben, ist ja die Wissenschaft vom lateinischen Europa" (Borgolte 2001b: 19).
36 Geary 2002.
37 Borgolte 2012: 10.
38 Borgolte 2006.
39 Borgolte 2014d: 545.
40 Vgl. auch Borgolte 1976, 2014c, und hierzu Altaner 1936.

Die zentralasiatischen Migrationen

Die umfangreichen neueren globalhistorischen Studien stellen einen beachtlichen Fortschritt auch für die eurasische Geschichte in der Zeit des europäischen Mittelalters dar. Jedoch liegt ihr eurasischer Schwerpunkt bisher deutlich im Spätmittelalter und insbesondere in der Zeit der sog. Pax Mongolica im späten 13. bis in das frühe 15. Jahrhundert. Doch soll es hier vorrangig darum gehen, auf die lange Vorgeschichte der spätmittelalterlichen eurasischen Verflechtungen hinzuweisen. Dabei sollen die für die Geschichte Europas so überaus wichtigen Migrationen und Invasionen hervorgehoben werden, die in Zentralasien, dem eigentlichen Kraftzentrum Eurasiens, ihren Ursprung genommen hatten.[41]

Die für Europa nachhaltig wirksamsten Migrationen gingen von den Ethnien der indoeuropäischen Sprachfamilie, von den Hunnen, Türken und Mongolen, aus. Zu berücksichtigen sind auch die für das mittelalterliche Europa so bedeutenden Araber aus dem sogenannten Vorderasien. Festzuhalten gilt dabei, dass diese bisweilen auch als Völkerschaften bezeichneten Gruppen keine homogene Ethnien oder gar ‚Rassen' waren. Sie alle waren bereits vor ihrem Aufbruch aus ihren ursprünglichen Siedlungsgebieten und vermehrt im Verlauf ihrer großflächigen Migrationen starken Prozessen ethnischer, sprachlicher und kultureller Hybridisierung ausgesetzt.

Dies gilt in besonderem Maße für die Herkunft und Ethnogenese der indoeuropäischen Sprachfamilie. Heute wird als ihr Ursprung weitgehend die sogenannte Kurgan- oder Grabhügelkultur anerkannt, die sich seit dem 4. Jahrtausend v. Chr. von Osteuropa nördlich des Schwarzen und des Kaspischen Meeres bis in das heutige Kasachstan erstreckte. Herkunft und Ethnogenese der Hunnen liegen dagegen immer noch sehr im Dunkeln. Ihre frühere Identifizierung mit den im 1. Jahrhundert n. Chr. von China vernichtend geschlagenen Xiongnu im östlichen Zentralasien gilt heute als unwahrscheinlich, doch wird vermutet, dass zumindest ihr Name auf sie zurückgeht. Die semi-nomadischen Turkvölker hatten vom 6. bis ins 8. Jahrhundert zwei mächtige alttürkische Reiche begründet, die sich vom Kaspischen Meer bis an die Grenzen der Mandschurei erstreckten. Im Kampf um die Kontrolle des lukrativen Handels mit der chinesischen Seide auf der Seidenstraße verbündete sich Byzanz im späten 6. Jahrhundert mit den Westtürken. Im 9. Jahrhundert entzogen sich die Osttürken dem militärischen und kulturellen Druck Chinas unter der mächtigen T'ang-Dynastie und traten den Weg nach Westen an. Zu ihnen zählte die Stammeskonföderation der türkischen Oghusen.

---

41 In Anbetracht der gebotenen Kürze muss dies ohne detaillierte bibliographische Verweise auf die überaus umfangreiche Literatur zu den verschiedenen Migrationen geschehen.

Aus diesen gingen im Verlauf ihrer Westwanderung die Seldschuken und Osmanen als dominierende Stammesföderationen hervor, die seit dem späten 11. Jahrhundert zur machtvollen Bedrohung von Byzanz und der lateinischen Christenheit aufstiegen. Auf die Mongolen aus Zentralasien trifft die ethnische Hybridisierung in besonderem Maße zu, da sich ihren Siegeszügen bis vor die Tore Zentraleuropas zahlreiche fremde Stämme und versprengte Reste besiegter Heere anschlossen.[42]

Die indoeuropäische Sprachfamilie

Bei der indoeuropäischen Sprachfamilie trennten sich deren östliche Stämme im späten 3. Jahrtausend v. Chr. in Iraner und Indoarier, die in den folgenden Jahrhunderten nach Persien und Nordwestindien vordrangen. Indoarische Termini und Namen begegnen uns jedoch auch in Anatolien.[43] So werden dort in der Mitte des 14. Jahrhunderts v. Chr. in einem Friedensvertrag der Mitanni und der indoarischen Hethiter Götter angerufen, die aus den vedischen Texten Indiens bekannt sind. In der hethitischen Hauptstadt Hattusha wurden Tontafeln gefunden, die Teile eines Textes über Pferdezucht enthalten und als älteste Zeugnisse der indoeuropäischen Sprachfamilie gelten. Erwähnt werden im westasiatischen Zusammenhang auch die für die europäische Geschichte bedeutsameren iranischen Parther (ca. 240 v.–226 n. Chr.), die zu den gefährlichsten östlichen Gegnern Roms aufstiegen.[44]

Die römisch-hellenistische Welt und ihr Einfluss in Asien

Während wir uns bisher und im Folgenden vor allem um die in ostwestliche Richtung verlaufende Migrationen und deren Bedeutung für Europa im eurasischen Kontext bemühen, sei nun ein Blick auf die in die entgegengesetzte Richtung verlaufenden transkulturellen Einflüsse der mediterranen Welt des klassischen Europas geworfen. Hierbei handelt es sich, wie eingangs bereits aufzeigt, um die von Alfred Heuß seltsamerweise nicht genannten römisch-hellenistischen Einflüsse in Zentral- und Südasien und eine der globalhistorisch bedeutendsten transkulturellen Begegnungen in Eurasien.

---

[42] Weiers 1997, 2004.
[43] Wilhelm 1993–1997.
[44] Wiesehöfer 2015: 83–102.

Der gewaltsame Einbruch Europas in das damals bereits eng vernetzte Asien begann mit dem Sieg Alexanders des Großen über das Achämeniden-Reich, der seinen Abschluss in den Kämpfen in Baktrien und im Indienzug der Jahre 327–325 v. Chr. fand. Wichtiger als Alexanders letztlich vergeblicher Versuch, Indien zu erobern, sind dessen politische und kulturelle Wirkungen für weite Teile Asiens. Zu ihnen zählen insbesondere das hellenistische Diadochen-Reich der Seleukiden und das aus ihm hervorgegangene gräko-baktrische Reich in Zentralasien (256– ca. 140 v. Chr.) und die nachfolgenden griechisch-indischen Königreiche in Nordwestindien.[45] Beispielhaft für die transkulturelle Begegnung des Hellenismus mit dieser Region Eurasiens sei Ai Khanoum genannt, das bereits kurz nach Alexander von den Seleukiden gegründet wurde. Im nördlichen Afghanistan am Oxus, in der Nähe von Kundus, entdeckten seit den späten 1960er Jahren französische Archäologen eine befestigte Stadt mit einer großen Palastanlage, einem griechischen Theater und Gymnasium sowie großartigen griechischen Skulpturen und Münzhorten. Eine Inschrift, die ein Schüler des Aristoteles in Delphi kopierte, ließ er an einem Herôon-Grabtempel in Ai Khanoum verewigen. Für den starken Einfluss griechischer Wissenschaft und die Handelsbeziehungen mit Indien ist es aufschlussreich, dass von Ai Khanoum aus erste direkte Einflüsse auf die indische Astronomie ausgegangen sein dürften und dass die ältesten Münzen mit den hinduistischen Göttern Balarama und Krishna in Ai Khanoum entdeckt wurden. Wichtig ist auch die hybride griechisch-orientalische Architektur Ai Khanums, die früh die buddhistische und in der Folge die hinduistische Architektur Nordindiens beeinflusst hat.

Wenige Jahre nach Alexanders Rückzug aus Indien entstand unter den Mauryas das erste gesamtindische Großreich, das in der Mitte des 3. Jahrhunderts unter Kaiser Ashoka seinen Höhepunkt erlangte (ca. 268–233). Nach einem äußerst blutig verlaufenen Krieg im ostindischen Kalinga erhob Ashoka den Buddhismus zu einer Art Staatsreligion und verkündete ihn in zahlreichen über das ganze Reich verbreiteten Fels- und Säuleninschriften als Lehre *(dharma)* des Friedens und der Gewaltlosigkeit *(ahimsa)*.[46] Signifikant für transkulturelle eurasische Begegnungen ist es, dass in der Nähe des vermutlich von Alexander gegründeten Alexandreia (Kandahar) in Afghanistan auch eine bilinguale Inschrift des Herrschers in griechischer und aramäischer Sprache entdeckt worden ist. In mehreren großen Felsinschriften verkündete Ashoka mit einzigartigem Anspruch, Botschafter seiner buddhistischen Lehre an fünf namentlich genannte

---

45 Aus der umfangreichen Literatur seien insbesondere genannt Hallade 1968; Karttunen 1997; Bopearachchi 1999; Wiesehöfer 2005; MacDowall 2005; Lerner 2015.
46 Thapar 1973; Falk 2006.

hellenistische Herrscher entsandt zu haben, u. a. an Antiyoka (Antiochos II. Theos von Syrien) und Tulamaya (Ptolemaios II. Philadelphos). Dies ist einer der Gründe für die Vermutung, Ashoka stamme von einer Griechin ab, die durch den Friedensvertrag seines Großvaters Chandagupta mit Seleukos I. an den Hof der Mauryas gekommen sei.[47] Wenige Jahre nach diesem Vertrag traf der Grieche Megasthenes ca. 302 v. Chr. als Botschafter des Seleukos am Hof Chandraguptas in Pataliputra (Bihar) ein. Er hinterließ ein umfangreiches historisch-geographisches Werk, das zwar im Original nicht mehr erhalten ist, aber ausführliche Zitate klassischer römischer Autoren daraus, insbesondere in den *Indiká* des Arrian, bilden noch heute die wichtigste Quelle über die frühen Mauryas.[48]

Abb. 3a und 3b: Silbermünze Menanders. ©Kunsthistorisches Museum Wien, Münzkabinett, Inv.-Nr. GR 23341

Unter den Gräko-Baktrien breitete sich der griechisch-hellenistische Einfluss seit dem späten 3. Jahrhundert unvermindert nach Indien aus. Nach der Niederlage der Gräko-Baktrier in der Mitte des 2. Jahrhunderts v. Chr. gegen die in Baktrien eindringenden Shakas und Yuezhi zogen sich die Gräko-Baktrier in den Nordwesten Indiens zurück. Dort gründeten sie als Indo-Griechen bis in die Mitte des 1. Jahrhunderts n. Chr. zahlreiche florierende Königreiche. Als Yonas und Yavanas gingen diese in die indische Literatur ein und spielten in indischer Kunst und Religion eine beträchtliche Rolle. So fand der erste bedeutende indo-griechische Herrscher Menander als Verehrer des Buddha im *Milindapanha*, einem religiösen Disput zwischen Milinda (Menander) und einem Mönch, Eingang in die

---

47 Thapar 1973: 20.
48 McCrindle 1877.

kanonische buddhistische Literatur. Und im selben Jahrhundert ließ Heliodoros, der Gesandte des indo-griechischen Königs Antialkidas, in Vidisha im Süden Nordindiens eine mächtige Säule errichten, auf der er sich als Anhänger der hinduistischen Bhagavata-Sekte bekannte. Auf der Vorderseite der hier abgebildeten Silbermünze wird Menander in griechischer Schrift und Sprache als „König, der Retter, Menander" *(basileus, soter menandros)* gepriesen. Die Rückseite weist dagegen deutliche Anzeichen kultureller eurasischer Hybridität auf. In ihrem Zentrum steht Athena Alkidemos („Beschützerin des Volkes"), ausgestattet mit Donnerkeil und Schutzschild. Der Schriftkranz, der Athene einrahmt, ist dagegen indisch. In der nur teilweise lesbaren Inschrift wird Menander in der mittelindischen Prakrit-Sprache und in Kharoshti-Schrift als „Großkönig, der Erlöser, Menander" verherrlicht *(maharajasa tratarasa menandrasa)*. Diese Schrift entstand in Nordwestindien in der Zeit nach Alexanders Indienzug und geht auf das aramäische Alphabet zurück.

Erneute zentralasiatische Vorstöße

Zentralasien stand in den Jahrhunderten der Zeitenwende wieder ganz im Zeichen indoeuropäischer Reiternomaden (Skythen, Shakas und die häufig mit den Tocharern identifizierten Yuezhi).[49] Die Herrschaftsgebiete dieser Stämme erstreckten sich am Rande der eurasischen Steppen von der Ukraine bis in die Mongolei. Über die westlichen Skythen nördlich des Schwarzen Meeres berichten griechische Quellen bereits seit Herodot, während uns deren östliche Stämme, die Shaka und Yuezhi, seit dem 3. Jahrhundert v. Chr. aus chinesischen, iranischen und indischen Quellen bekannt sind.

Im 3. Jahrhundert v. Chr. ereignete sich eine lawinenartige Völkerwanderung, die beispielhaft für die Ursachen und Dynamik zentralasiatischer Migrationen und deren Folgen für die eurasische Geschichte steht. Shihuangdi, der erste chinesische Großkaiser der Qin-Dynastie, der neuerdings durch seine 7300 lebensgroßen Terrakottakrieger weltberühmt geworden ist, besiegte Ende des 3. Jahrhunderts v. Chr. am Rande der Mongolei die bereits genannte mächtige nomadische Stammeskonföderation der Xiongnu. Diese verdrängte daraufhin die Yuezhi-Tocharer aus ihren benachbarten Weidegebieten, die nun ihrerseits die Shaka-Skythen vor sich her nach Westen trieben, wo beide in kurzer zeitlicher Abfolge nacheinander in Baktrien und Nordafghanistan eintrafen. Die Shakas lieferten dem Partherreich schwere Kämpfe und errichteten florierende Königs-

---

49 Khazanow 2015; Benjamin 2007.

reiche zunächst in Afghanistan und im 1. Jahrhundert v. Chr. in Nordwestindien. Ihr Münzwesen übernahmen sie direkt von den Gräko-Baktriern.

Doch bereits Ende des 2. Jahrhunderts wurden sie von den nachrückenden Yuezhi besiegt.[50] Diese errichteten unter ihrem führenden Stamm, den Kushanas, vom 1. bis ins 3. Jahrhundert n. Chr. ein mächtiges Großreich, das unter Kanishka im 2. Jahrhundert von Nordindien über Baktrien bis in die zentralasiatische Turfan-Oase reichte. Das Kushana-Reich erlangte Weltruhm, denn unter seiner Herrschaft über Nordindien und weite Teile Zentralasiens erlebte die weitgefächerte Seidenstraße ihren ersten großen Aufschwung. Als längstes Wegenetz der vormodernen Geschichte verband sie seit dem Zeitalter des imperialen Roms und des ersten chinesischen Großreiches unter der Han-Dynastie Ostasien über Zentralasien mit der Mittelmeerwelt. Indien fand durch zwei wichtige Abzweigungen über Afghanistan und das Indus-Tal direkten Zugang zu diesem kontinental-eurasischen Wegenetz.[51] Es schuf bis in die Mongolenzeit die buchstäblichen Grundlagen für die Entwicklung eines florierenden transregionalen eurasischen Handels und für intensive transkulturelle Begegnungen.[52] Auf diesen Wegen gelangten so große Mengen der begehrten chinesischen Seide zu schwindelerregenden Preisen nach Rom, dass Plinius den Verlust von Millionen von Sesterzen für den Luxus römischer Frauen beklagte.

Ein ‚Devisenhandel' anderer Art spielte sich auf den nordwestlichen Ausläufern der Seidenstraße Ende des 1. Jahrtausends n. Chr. in entgegengesetzter Richtung ab. Vom 8.–11. Jahrhundert gelangten große Mengen islamisch-arabischer Dirham-Silbermünzen in den Ostseeraum, und zwar durch den Handel der Waräger mit den islamischen Staaten des westlichen Zentralasiens, insbesondere den Samaniden in Transoxanien (873–999 n. Chr.). Insgesamt sind vor allem in Schweden, Dänemark und dem deutschen Küstenraum der Ostsee gut 120.000 Dirham-Münzen entdeckt worden.[53] Den gleichen Weg, auf dem die arabischen Münzen in den Ostseeraum gelangten, dürfte auch der auf dem Umschlag abgebildete Helgø-Buddha nach Schweden genommen haben. Als die Wolgabulgaren im frühen 10. Jahrhundert unter starken Einfluss des Abbasiden-Kalifats gerieten, prägten sie in ihrer Hauptstadt Bulgar eigene Dirham-Münzen, die ihres eigen-

---

50 Benjamin 2007.
51 Jettmar 1980; Hauptmann 1997; Brandtner 2005.
52 Haussig 1983, 1992; Hübner 2005; Daryaee 2015; Kedar/Wiesner-Hanks 2015; Lerner 2015; siehe auch die internationale Reihe *Silk Road Studies* des Verlages Brepols in Turnhout, Belgien.
53 Wiechmann 2005: 175 zählt für Nord- und Osteuropa folgende Münzfunde auf: Island 10, Dänemark 3700–4000, Norwegen 400, Schweden 80.000, westslawischer Bereich 28.000, Finnland 1625, Estland 5000, Lettland 2050.

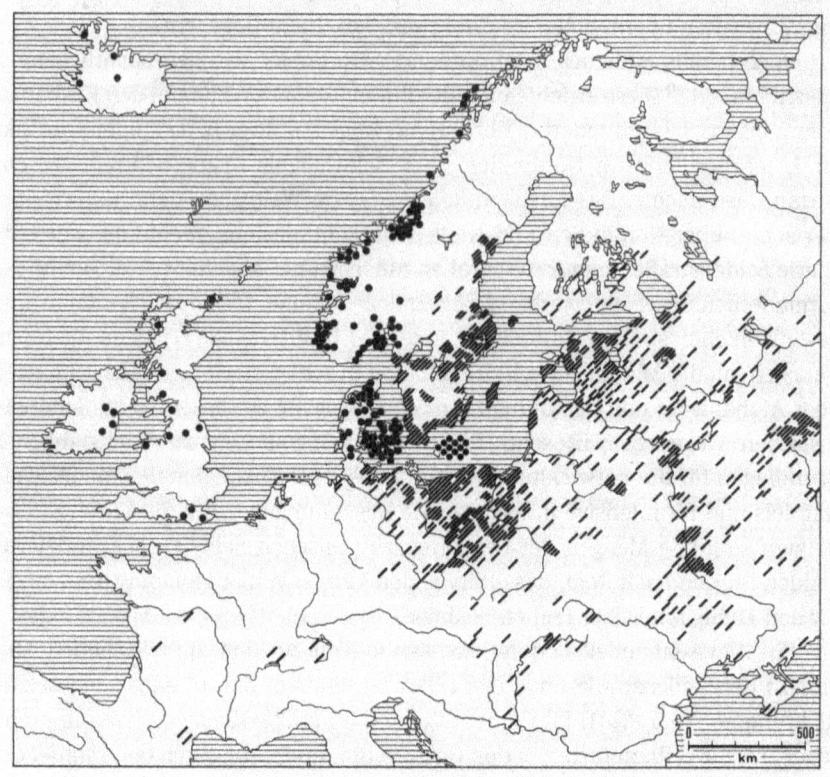

Abb. 3: Vorkommen arabischer Münzen.

Abb. 4: Verbreitung arabischer Münzen in Nord-und Osteuropa.
© Wiechmann 2005: 175

artigen Stiles wegen „euroislamische Münzen" genannt werden.[54] Die heutigen arabischen Dirhams spiegeln geradezu paradigmatisch eurasische Wirkungszusammenhänge mit einer gut zweitausendjährigen Geschichte wider. Der Name Dirham geht auf die Drachme des klassischen Griechenlands zurück, die Ziffern stammen aus Indien. Beschriftet sind sie in arabischer Schrift, die Ziffern hingegen in lateinischer Schrift.

Doch die Seidenstraße steht nicht nur für den transkontinentalen Handel in Eurasien. Über sie breitete sich seit den ersten Jahrhunderten n. Chr. der Buddhismus als älteste Weltreligion bis nach Ostasien aus; zahllose Mönche und

---

54 Wiechmann 2005: 176.

Gelehrte aus China traten in den folgenden Jahrhunderten ihren Weg zu den heiligen Stätten des Buddhismus in Indien an. Wie schon zuvor Megasthenes, verfassten auch einige von ihnen nach ihrer Rückkehr umfangreiche Berichte über ihre mehrjährigen Aufenthalte in Indien.[55] Die Integration des Buddhismus gehört nach Borgolte „zu den spannendsten Kapiteln transkultureller Verflechtung im mittelalterlichen Jahrtausend".[56]

Die Seidenstraße war jedoch keineswegs nur ein ökonomischer und kultureller Transitweg. Besonders in der 2. Hälfte des 1. Jahrtausends entwickelten sich die zentralasiatischen Oasen zu Stätten kultureller ‚internationaler Begegnung', die im damaligen Eurasien vermutlich einmalig waren. Der Turfan-Expedition des Berliner Museums für Völkerkunde waren in den Jahren 1904–1905 großartige Funde vergönnt. In den Ruinen verfallener Klöster entdeckten sie in der Oase in Ostturkestan Reste von Manuskripten, die in der schier unglaublichen Zahl von insgesamt 17 Sprachen und in 24 Schriften verfasst waren.[57] Die überwiegend buddhistischen und manichäischen Fresken dieser Klöster lassen Einflüsse späthellenistisch-römischer, persischer, indischer und chinesischer Kunst erkennen. Teile dieser Fresken wurden nach Berlin gebracht und sind heute im Indischen Museum in Dahlem ausgestellt. Eine besonders großartige Miniatur aus Chotscho im Tarim-Becken, die sich heute im Indischen Museum in Berlin befindet, stellt eine Gedenkfeier am Todestag des Religionsstifters Mani dar: „Die Miniatur zeigt Mani in einem weißen Gewande. [...] Zu seiner Seite sitzen die höchsten Electi und zu seiner Rechten die vier Könige der Welt. Gemeint sind wahrscheinlich die Herrscher Chinas, des persischen Reiches, Indiens und Roms. Unterhalb der weißgekleideten Electi ist der Platz der vier Religionen, der hinduistischen, der buddhistischen, der christlichen und der jüdischen. Unterhalb von Mani sieht man den uigurischen König von Qotscho und seine Gemahlin."[58] Die Miniaturen und Manuskriptfunde Zentralasiens legen ein beredtes Zeugnis ab für die kulturellen eurasischen Verflechtungen in Zentralasien in der Zeit der sogenannten ‚getrennten Kulturen' des Mittelalters.

Die eurasische Ökumene fand bereits in den frühen Jahrhunderten n. Chr. einen eindrucksvollen Niederschlag in der kaiserlichen Titulatur der Kushanas, die deutlich an die gerade vorgestellte Miniatur aus Chotscho erinnert. Die Shaka-Herrscher hatten bereits die Titel der indischen „Großkönige" *(mahārāja)* und der persischen „Ober-

---

55 Chung/Yinzeng 2005 enthält die vermutlich umfassendste Dokumentation dieser Reisen: *Indian Monks to China* (385–448), *Chinese Monks to India* (449–479). Vgl. auch die Dokumentation des indisch-chinesischen Pilgerwesen (283–384). Siehe auch Bagchi 2012 und Sen 2003.
56 Borgolte 2014: 545.
57 Härtel 1987: 20. Vgl. Le Coq 1925, 1972; Haussig 1983; Pjotrowiskij 1994.
58 Haussig 1992: 91.

Abb. 5: Manichäisches Buchblatt aus Chotscho, Xinjiang, China, ca. 8./9. Jahrhundert. © Museum für Asiatische Kunst, Staatliche Museen zu Berlin

könige der Könige" *(sāhānu sāhi* = Sanskrit *rājāti-rāja)* angenommen. Ihre Nachfolger, Kushana-Herrscher, trugen zusätzlich den bis dahin in Indien unbekannten Titel „Sohn Gottes" *(devaputra),* der vermutlich dem „Mandat des Himmels" des chinesischen Kaisertums entlehnt ist. Ein später Kushana-Herrscher nahm dann um 200 oder im frühen 3. Jahrhundert n. Chr. sogar den römischen Titel *Kaisara* an, vermutlich unter dem Eindruck römischer Siege über die Parther, die gefährlichsten Gegner der Kushanas. Auch diese Titulatur vereinigte damit die damaligen Großmächte Eurasiens: China, Indien, Persien und Rom![59] Die gleiche transkulturelle Verflechtung ist auch in einer 1958 in Baktrien entdeckten Inschrift zu erkennen, die verkündet, dass Kanishka nach seinem Tod zum Mithras vergöttlicht wurde, dessen persischer Kult auch im römischen Reich Verbreitung fand, wie selbst im Raum Heidelberg mehrere großartige Skulpturen bezeugen.

Der Indische Ozean und Roms Indienhandel

Während sich hellenistische Einflüsse seit Alexander vor allem auf dem Landweg und den Ausläufern der Seidenstraße nach Asien verbreiteten, vollzog sich die Begegnung der römischen Mittelmeerwelt mit Asien zusätzlich auch über die Seestraßen des Indischen Ozeans.[60] Der römische Handel mit Indien erlebte nach der Eroberung Ägyptens durch Augustus im Jahr 30 v. Chr. einen ungewohnten Aufschwung, da sie Rom einen direkten Zugang zum Indischen Ozean über die Hafenstädte des Roten Meeres eröffnete.[61] Bereits wenige Jahre später berichtete Strabo bei seinem Besuch in Oberägypten, dass jährlich etwa 120 Schiffe Myos Hormos am Roten Meer nach Indien verließen. Über die Intensität des maritimen mediterranen Handels mit Indien gibt der *Periplus des Erythräischen Meeres* (des westlichen Indischen Ozeans), den ein anonymer griechischen Seefahrer in der Mitte des 1. Jahrhunderts n. Chr. verfasste, wertvollen Aufschluss.[62] Das Werk bietet detaillierte Angaben über die Häfen der südwestlichen und südöstlichen Küsten Indiens und deren Handelswaren mediterranen und indischen Ursprungs. 1945 entdeckte der englische Archäologe Mortimer Wheeler auch das römische Handelsemporium Arikamedu an der Südostküste Indiens, das Ptolemäus als *poduke emporion* bekannt war. Neben zahllosen Scherben

---

59 Kulke 2006: 103–105.
60 Zur Geschichte des Indischen Ozeans und zu den internationalen Indian Ocean Studies siehe Lombard/Aubin 1988; Read 1996; Salles 1996; Ray/Salles 1996; Conermann 1998; Schottenhamer 1998, 2011b; Wiesehöfer 1998; Ptak 2007; Sen 2011; Rothermund/Frasch 2011; Alpers 2014.
61 Raschke 1978; Dihle 1978; Gurukkal 2016.
62 Casson 1989, 1990.

Abb. 6: Tabula Peuteringiana. © Österreichische Nationalbibliothek Wien, Cod. 324, Segment XI

römischen Glases und arretinischer Keramik wurden in den dort entdeckten Amphoren sogar noch Spuren griechischen Weines nachgewiesen.[63] Über Muziris, die wichtigste Hafenstadt an der Südwestküste im heutigen Kerala, berichtet ein zeitgenössischer Text der tamilischen Sangam-Literatur.[64]

Muziris verdient es aus einem weiteren, sehr triftigen Grund, im Zusammenhang des römischen Indienhandels genannt zu werden. Die berühmte *Tabula Peutingeriana*, eine über sechs Meter lange Karte des römischen Straßennetzes, die auf ein unbekanntes römisches Original aus dem späten 4. Jahrhundert zurückgeht, stellt ein einzigartiges Dokument römischer Präsenz in Südindien dar.[65] Sie verzeichnet ein *Templum Augusti* in der Nähe von Muziris, der wichtigsten Hafenstadt des römischen Handels in Südwestindien. Überaus bemerkenswert ist es, dass in der Spätzeit des aktiven römischen Handels im Indischen Ozean selbst drei Jahrhunderte nach Augustus dieser Tempel dem wohl römischen Verfasser der *Tabula* noch bekannt war.[66]

---

63 Wiesehöfer 1998.
64 Kulke 2005: 36.
65 Weber 1976; Talbert 2010.
66 Casson 1990; Berghaus 1992; Talbert 2010.

In der Nähe der Westküste Indiens südlich Mumbais wurden in Kolhapur, das vermutlich mit dem von Ptolomäus erwähnten Hippokoura identisch ist, zudem zehn römische Bronzen entdeckt. Unter ihnen befindet sich eine exzellente Skulptur des Poseidon, die vermutlich auf das große Vorbild des Lysippos aus dem 4. Jahrhundert v. Chr. zurückgeht.[67] Als bekanntestes indisches Gegenstück zu dieser römischen Skulptur in Indien gilt allgemein die berühmte Elfenbein-Statuette einer hinduistischen Yakshi-Göttin in Pompeji.

Die römischen Münzfunde hinterließen die signifikantesten Spuren des römischen Indien- beziehungsweise des indischen Romhandels.[68] Seit der ersten Entdeckung eines Horts römischer Aurei-Münzen in Südindien im Jahr 1786 riefen die Funde römischen Geldes in Indien ein starkes europäisches Interesse hervor. 1978 waren ca. 5400 Denarii (Silbermünzen) und 800 Aurei bekannt.[69] Das Interesse an ihnen und ihrer Bedeutung für den römischen Handel steigerte sich in den vergangenen Jahrzehnten unter starker Beteiligung amerikanischer Numismatiker noch erheblich.[70] Von den neueren Forschungsergebnissen sei hier nur ein Aspekt herausgegriffen, der die enge Verflechtung des römischen Münzwesens mit dem indischen ‚Außenhandel' bekundet. Die in Indien gefundenen Denarii stammen nahezu ausschließlich aus den Regierungszeiten von Augustus und Tiberius. Die Reduzierung des Silbergehaltes der Denarii und des Gewichtes der Aurei hatte nach der Münzreform Neros in den Jahren 63/64 zu einem drastischen Rückgang des indischen Handels mit römischen Münzen geführt. Lange Zeit waren Numismatiker von einer Korrelation von Emissions- und Exportdaten ausgegangen, woraus sie auf einen nur kurzen Höhepunkt des römischen Indienhandels in der julisch-claudischen Zeit schlossen. Diese Annahme wurde jedoch unlängst geradezu auf den Kopf gestellt. So habe der maritime indisch-römische Handel auch nach dieser Münzreform zunächst unvermindert floriert. Denn ein Großteil der augusteisch-tiberianischen Münzen sei erst nach Neros Reformen nach Indien gelangt. Sie seien aus Beständen noch existierender Aurei und Denarii des Augustus und Tiberius systematisch für den Handel mit Indien zusammengestellt und nach Indien exportiert worden, da dort nur deren Edelmetallwert zählte.[71]

Für den dominierenden Einfluss des römischen Münzwesens in den ersten Jahrhunderten n. Chr. spricht ferner, dass 97% aller römischer Münzfunde in Indien aus Südindien stammen. Numismatiker und Historiker schließen daraus

---

67 De Puma 1992; Talbert 2010.
68 Turner 1989; Wiesehöfer 1998.
69 Raschke 1978: 66.
70 Kulke 2005: 176–183.
71 Ray/Salles 1996: 82; Berghaus 1992.

Abb. 7: Hinduistische Yakshi-Göttin, Elfenbeinschnitzerei, Pompeji, Mitte des 1. Jahrhunderts n. Chr., Museo Archeologico Nazionale di Napoli.
© Getty Images, Foto A. de Gregorio.

sicherlich zu Recht, dass die nordindischen Kushanas alle in ihren Einflussbereich geratenen römischen Münzen systematisch einzogen und einschmolzen, um aus ihnen in eigener Münzhoheit neue zu prägen. Doch im Gegensatz zum gräkobaktrischen Münzfuß ihrer Vorgänger übernahmen die Kushanas seit dem späten 1. Jahrhundert n. Chr. zeitgemäß das römische Münzwesen. Erwähnt sei ferner, dass wir aus der *Geographia* des Ptolomäus erfahren, dass sich Roms maritime Handelsbeziehungen in der Mitte des 2. Jahrhunderts bis nach Südostasien erweitert hatten, das er als *India extra Gangem* bezeichnete. So ist es nicht verwunderlich, dass im vietnamesischen Mekong-Delta in Oc Eo, vermutlich dem Kattigara des Ptolemäus, Medaillons der römischen Kaiser Antonius Pius und Marcus Aurelius gefunden wurden.[72]

Abb. 8: Münze von Antoninus Pius, Oc Eo, Vietnam, Ho Chi Minh City History Museum. ©Ecole française d'Extrême-Orient, fonds Vietnam (no. EFEO-VIE01838)

Das Zeitalter des klassischen Gupta-Reiches in Indien

Dem Untergang des ersten indischen Großreichs um 185 v. Chr. folgte bis 320 n. Chr. ein halbes Jahrtausend politischer Fragmentierung. Diese Zeit war jedoch auch gekennzeichnet von einer starken Anbindung Nordwestindiens an politische Entwicklungen Zentralasiens und intensiver wirtschaftlicher und transkultureller

---

72 Higham 1989: 245–254; Borell 2014.

Begegnung mit der hellenistisch-römischen Welt des Mittelmeeres. Diese Jahrhunderte, insbesondere jene nach der Zeitenwende, werden daher als eine wichtige formative Phase der Kultur des künftigen nordindischen Großreichs unter der Gupta-Dynastie (320–ca. 550) betrachtet, die in Indien oft als das ‚Goldene Zeitalter' bezeichnet wird. In ihm fand die klassische indische Kultur in der Kodifizierung sozialer Gesetzeswerke, in wissenschaftlichen Abhandlungen, in der Sanskrit-Dichtung und der Höhlenarchitektur mit ihren einzigartigen Fresken und dem Skulpturenreichtum ihren Höhepunkt.[73]

Von den eigenständigen Regionalkulturen Indiens gingen, verbunden mit intensivem Handel im Golf von Bengalen, in der zweiten Hälfte des 1. Jahrtausends starke kulturelle Einflüsse aus, eine Entwicklung, die heute als ‚Indisierung' Südostasiens bezeichnet wird.[74] Ein Relief des Borobudur, des weltberühmten buddhistischen Stupas auf Java aus dem frühen 9. Jahrhundert, lässt direkte Einflüsse zeitgenössischer Kunst Bengalens erkennen und versinnbildlicht die

Abb. 9: Verehrung des Buddha und javanisches Auslegerboot, Borobudur, Indonesien, frühes 9. Jahrhundert n.Chr. © H. Kulke

---

73 Kulke 1990, 2005.
74 Mabbett 1978; Kulke 1990, 2005; Manguin 2011.

enge Beziehung des Buddhismus mit dem maritimen Handel.⁷⁵ Das einzigartige, typisch indonesische Auslegerboot ist die bekannteste Darstellung eines seetüchtigen Schiffes in indisch-südostasiatischer Kunst. Indische Historiker sprachen in der Phase des indischen Unabhängigkeitskampfes stolz von „Hindu Colonies in the Far East" und tun dies erneut in der gegenwärtigen Phase nationalistischer Geschichtsschreibung.⁷⁶ Die Ausbreitung des Buddhismus nach Ostasien und die ebenfalls friedfertige Indisierung Südostasiens werden von Borgolte sicherlich zu Recht als eine der bedeutendsten transkulturellen Begegnungen und Verflechtungen im vormodernen Eurasien angesehen.⁷⁷ Einzig im 11. Jahrhundert kam es im Zeichen verstärkten direkten Handels zwischen den Fatimiden Ägyptens und dem unter der Song-Dynastie erneut erstarkten China zu einem Angriff des südindischen Chola-Reichs auf Srivijaya, das als Thalassokratie oder „Hanse des Ostens" das maritime Südostasien und damit auch die Straße von Malakka kontrollierte.⁷⁸

Östliche Einbrüche in die klassische Welt Europas und Indiens: Die Hunnen und Araber

Die Spätzeit der klassischen Geschichte Roms und Indiens wurde von zwei Ereignissen betroffen, deren Ursprünge abermals außerhalb Europas lagen. Es waren dies der Einbruch der Hunnen und der Aufstieg des arabischen Weltreiches. In Hinblick auf die Hunnen kann ich mich auf die bekannte Tatsache beschränken, dass sie um ca. 375 n. Chr. mit ihrem Sieg über die im Süden Russlands siedelnden Alanen die Völkerwanderung mit all ihren hinlänglich bekannten Folgen für das Römische Reich auslösten. Erwähnt werden sollte aber auch, dass nur wenige Jahre, nachdem Attila 451 auf den Katalaunischen Feldern besiegt worden war, auch das Gupta-Reich dem Angriff der Hephthaliten, der sogenannten ‚Weißen Hunnen', ausgesetzt war, die in indischen Inschriften klar *Hūna* genannt werden. Sie konnten zwar zunächst noch abgewehrt werden, doch die bald darauf erfolgte Gründung eines mächtigen Hunnenstaates in Nordwest-Indien, die teilweise Zerstörung der Städte und die Unterbrechung des florierenden Handels mit Zentralasien wird in traditioneller indischer Geschichts-

---

75 Zur Rolle des Buddhismus im maritimen Handel siehe H. P. Ray 1994,1996, 2014, 2015; Sen 2003; zum Buddhismus als Ideologie siehe Kulke 2014.
76 Kulke 1990,1999, 2005.
77 Borgolte 2014: 545.
78 Kulke 1999, 2010b; Sen 2010; Guy 2001.

schreibung mit dem Untergang des ‚Classical India' gleichgesetzt. Wie in Europa haben aber auch in Indien die sogenannten ‚Hunneneinfälle' den Niedergang eines klassischen Großreiche nicht verursacht, sondern nur beschleunigt.

Der atemberaubende Aufstieg des Islams und seines arabischen Weltreiches kann hier nicht im Einzelnen geschildert werden. Bereits dreißig Jahre nach dem Tod Mohammeds im Jahr 632 waren ihm alle Reiche des Vorderen Orients, insbesondere das persisch-ägyptische Großreich der Sasaniden, und weite Teile Nordafrikas unterworfen. Die eurasischen Ausmaße seiner Macht zeigten sich, als im Jahr 711 nahezu gleichzeitig mit der Eroberung Gibraltars und des Westgotischen Reiches etwa 7000 km entfernte Gebiete des heutigen Pakistans in Südasien von arabischen Truppen erobert wurden. Während weitere Vorstöße ins nördliche Europa seit Mitte des 8. Jahrhunderts unterblieben, legte die arabische Eroberung des Indus-Tales den Grundstein für die schrittweise, aber nie vollständig erreichte Durchdringung Südasiens durch den Islam. Im eurasischen Kontext war es nicht minder folgenschwer, dass arabische Truppen bis Transoxanien vordrangen und im Jahr 751 einem chinesischen Heer am Talas-Fluss eine vernichtende Niederlage zufügten. Durch diesen Sieg wurde Zentralasien dauerhaft dem Islam geöffnet.

Dem ersten Kalifat der Omaijaden von Damaskus folgte 750 das Kalifat der Abbasiden von Bagdad, dessen uns bekanntester Herrscher, Harun al-Raschid, nicht nur Botschaften an Karl den Großen, sondern 798 auch an den T'ang-Kaiser Chinas entsandte.[79] Die Zeit der Abbasiden gilt als der Höhepunkt islamisch-arabischer Kultur und Wissenschaft, verkörpert im 11. Jahrhundert durch den Philosophen, Physiker und Arzt Ibn Sina. Im christlichen Abendland als Avicenna bekannt, gilt er als bedeutendster Gelehrter seiner Zeit, die auch von einer arabisch-persischen Renaissance klassischer griechischer Philosophie und Wissenschaft gekennzeichnet war. Einflüsse der Kultur waren noch am Hofe Friedrichs II. auf Sizilien ebenso spürbar wie in Córdoba. Der islamischen Gelehrsamkeit Córdobas, insbesondere des Philosophen Ibn Rushd (Averroës), ist die Übermittlung klassischer griechischer Texte zu verdanken.[80]

Das arabische Reich und seine islamischen Nachfolgestaaten traten in vielfacher Hinsicht Roms maritimes Erbe im Indischen Ozean an. In der Zeit des europäischen Mittelalters erweiterten sie dessen transkulturelle Begegnungen und den maritimen Handel noch beträchtlich bis nach Ostasien und insbesondere in das maritime Südostasien, wo Indonesien heute den bevölkerungsreichsten islamischen Staat bildet. Die bereits erwähnte Dominanz vorderori-

---

[79] Borgolte 1976, 2014a, 2014c; Fried 2013.
[80] Watt 1988; Moore 1997; Feldbauer 2011.

entalischen Fernhandels im Indischen Ozean hatte im 9. bis 13. Jahrhundert solche Ausmaße angenommen, dass bisweilen vorgeschlagen wird, in dieser Zeit von einem Arabischen Ozean zu sprechen. Über die ‚Islamisierung' des Handels und die transkulturellen Begegnungen im Indischen Ozean liegen inzwischen mehrere neuere Studien vor.[81] Dies gilt besonders für die überaus wichtigen Geniza-Dokumente jüdischer Fernhändler des 11. und 12. Jahrhunderts, von denen Ende des 19. Jahrhunderts ca. 250.000 in einer Synagoge von Al-Fustat in Kairo entdeckt wurden, die sich heute in mehreren Bibliotheken in Europa und den USA befinden. Der deutsch-jüdische Islamwissenschaftler Shlomo Goitein wertete sie in jahrzehntelanger Arbeit bis zu seinem Tod 1986 in seinem sechsbändigen Werk *A Mediterranean Society: The Jewish Communities of the Arab World as Portrayed in the Documents of the Cairo Geniza* aus. In der Überlieferung der Geniza entdeckte er hunderte Dokumente über enge Handelsbeziehungen jüdischer Händler Kairos und des Mittelmeeres mit Glaubensgenossen, Muslimen, Christen und Hindus in Indien. Er stellte sie zunächst in einzelnen Artikeln vor,[82] bis sein lange erwartetes *India Book* posthum von M. A. Friedman veröffentlicht wurde.[83] Diese Geniza-Dokumente, originale Geschäftspapiere und private Briefe, belegen in allen Einzelheiten einen florierenden mediterranen Handel mit Indien und indirekt mit Südost- und Ostasien. Dieser wurde häufig über muslimische Mittelsmänner in Aden abgewickelt. Die Auswertung der ‚Indian Genizas' durch indische Historiker beginnt jedoch erst in jüngster Zeit, u. a. durch Ranabir Chakravarti in Zusammenarbeit mit anglo-indischen Kollegen.[84]

Arabisch-persische Fernhändler erschlossen mit China erstmals einen wahrhaft transozeanischen Handel im Indischen Ozean. Der römische Handel hatte sich nämlich letztlich nur in dessen westlicher Hälfte, dem Arabischen Meer, und an der Südostküste Indiens abgespielt, während indischer Fernhandel in der Folgezeit entweder über die arabisch-persischen Häfen oder über jene in Südostasien und China abgewickelt wurde. Als Emporien internationaler und indischer Handelsgüter spielten die Hafenstädte Südwest- und Südostindiens jedoch eine zentrale Rolle im ‚Indian Ocean Trade System' (IOTS). Dies gilt besonders für die Zeit des mächtigen südindischen Chola-Reichs im 11. und 12. Jahrhundert. Da sich auch der direkte chinesische Fernhandel bis ins späte 1. Jahrtausend weitestgehend auf die maritime Welt Südostasiens beschränkte, war es muslimischen Fernhändlern und Seefahrern mit ihren direkten Han-

---

[81] Houranai 1963; Chaudhuri 1985; Lombard/Aubin 1988; Ray 2015.
[82] Goitein 1980.
[83] Goitein/Friedman 2006.
[84] Chakravarti 2007, 2015.

delsbeziehungen und Seefahrten nach Südostasien und China vorbehalten, den Indischen Ozean erstmals in seiner Gesamtheit zu erschließen.[85] So heißt es in einem Bericht des arabischen Geographen Mas'udi in der Mitte des 10. Jahrhunderts über Kalah (Kedah), das wichtigste Emporium an der Westküste der Malayischen Halbinsel: „Then he (the trader) went by sea to the land of Killah (i. e. Kelah) which is approximately half way to China. Today this town is the terminus for Muslim ships from Siraf and Oman, where they meet ships which come from China. This trader then embarked on a Chinese ship in order to go to the port of Khanfu."[86]

Das für uns buchstäblich wichtigste ‚Produkt' des muslimischen transozeanischen Handels im Indischen Ozean sind die umfangreichen Reiseberichte und Abhandlungen arabischer Reisender und Geographen,[87] die wichtigste Überlieferung der mittelalterlichen Indian Ocean Studies bis ins 12./13. Jahrhundert.[88] Am bekanntesten ist die *Rihla* des Ibn Battuta, die Beschreibung seiner drei langjährigen Reisen *(rihla)* von 1325 bis 1354 in nahezu der gesamten damals bekannten Welt (mit Ausnahme Europas); sie führten ihn durchs Mittelmeer, den gesamten Vorderen Orient, nach Indien und China und in Zentralafrika bis Timbuktu.[89] An Informationsgehalt kommt ihm im frühen 13. Jahrhundert aus chinesischer Sicht Chan Ju-Kua mit dem *Chu-fan-chï*, der ‚Beschreibung der barbarischen Völker', nahe.[90] Als Inspektor des ausländischen Handels der internationalen Hafenstadt Fukien stützte dieser seinen Bericht auf persönliche Beobachtungen sowie auf eigene und ältere offizielle Dokumente. Wertvoll an seinem Werk sind detaillierte, chronologisch geordnete Angaben über Botschaften und Geschenke der „Barbaren der Südsee", also von Tributleistenden.

Für die Forschung brachten die letzten Jahrzehnte im Jawa-See und an den Küsten Indonesiens sensationelle Schiffswracks des 9. bis 13. Jahrhunderts ans Tageslicht. So hatte das sog. ‚Jawa-Ship' aus dem 13. Jahrhundert, das auf der Rückkehr von China nach Indonesien versank, ca. 190 Tonnen Roheisen und ca. 30 Tonnen chinesischer Keramik (etwa 100.000 Scherben und Einzelstücke) an Bord.[91] Für die ebenfalls umfangreichen und wertvollen Funde aus dem 1998 entdeckten ‚Belitung Shipwreck' eines arabischen Dhow-Schiffes aus dem frü-

---

85 Chaudhuri 1985, 1990; Conermann 1998b; Schottenhammer 1998, 2011b.
86 Tibbetts 1979: 37; vgl. Schottenhammer 1998.
87 Conermann 1998.
88 Für Südostasien Tibbetts 1979.
89 Ibn Battuta 2012 und Conermann 1993.
90 Chau Ju-Kua 1966; vgl. die ausführliche Einleitung der Editoren, 1–39.
91 Flecker 2003.

hen 9. Jahrhundert, das aus Afrika über China auf dem Weg nach Indonesien war, wurde unlängst in Singapur ein eigenes Museum geschaffen.[92]

Die mittelalterliche Invasion der Türken und Mongolen

Die bereits genannten Seldschuken traten im 10. Jahrhundert von Transoxanien aus ihre Siegeszüge an. Ihr Einbruch in das bereits geschwächte arabische Abbasiden-Kalifat mit der Eroberung von Bagdad im Jahr 1055 und ihre Vorherrschaft über das weiter bestehende Kalifat markierten einen tiefen Einbruch in die arabische Dominanz der islamischen Welt, der von einem neuerlichen Aufstieg persischer Kultur und von türkischer Vorherrschaft geprägt war. Die inhärenten Spannungen des ‚Nahen Ostens' zwischen Arabern, Persern und Türken, die Europa gerade in diesen Tagen so unmittelbar berühren, gehen auf diese Zeit zurück.

Auch für die Welt des Abendlandes war der Sieg der türkischen Seldschuken über Byzanz bei Manzikert in Ostanatolien im Jahr 1071 von tiefgreifender Bedeutung, denn das im Folgejahr begründete anatolische Reich der Rum-Seldschuken löste mit seiner Bedrohung der christlich-orthodoxen Welt die Kreuzzüge aus. Wichtig für uns ist, dass die Kreuzzüge und das Unvermögen der Lateiner, die heiligen Stätten der Christenheit der islamischen Vorherrschaft dauerhaft zu entreißen, wesentlich mit dem Eindringen der ursprünglich zentralasiatischen Türken verbunden war. Diese prägen die Geschichte Europas und des Vorderen Orients bis in die Gegenwart nachhaltiger als die bekannteren kriegerischen Vorstöße der Mongolen, deren Goldene Horde von 1240 bis 1380 jedoch zur Vormacht in Osteuropa aufstieg. [93]

Bereits in der Mitte des 12. Jahrhunderts erhoffte sich die Christenheit Unterstützung von den aus Nordchina vertriebenen Kara-Kitais, nachdem diese 1141 dem mächtigen zentralasiatischen Reich der muslimischen Chwarism-Schahs eine schwere Niederlage zugefügt hatten. Nach dem verheerenden Ausgang des zweiten Kreuzzuges (1147–1149) entstand auch die legendär-mythische Gestalt des ‚Priesterkönigs Johannes'; dieser sollte angeblich aus dem Osten kommend die bedrängte Christenheit vor dem Islam retten. In seiner 1146

---

92 Siehe die sehr ausführliche und kompetente Darstellung in Wikipedia.
93 Weiers 1986, 1997, 2004; Abu-Lughod 1989, 2005; Conermann 1997; Kulke 1997; Limberger/Ertl 2009; Kedar/Wiesner-Hanks 2015; Arnason 2015; Khazanow 2015. Zum Mongolenbild im Westen s. Kloppproge 1997, auch Bezzola 1974; Reichert 1992; Schmieder 1994.

abgeschlossenen Weltchronik erwähnte schon der deutsche Chronist Otto von Freising den „König und Priester" (*rex et sacerdos*) Johannes, der im äußersten Orient, jenseits von Persien und Armenien, wohne und wie sein Volk nestorianischer Christ sei. In den folgenden Jahrzehnten steigerte sich die Hoffnung auf einen christlichen König aus dem Osten derart, dass um 1165 Papst Alexander III., Barbarossa und der byzantinische Kaiser Manuel I. offensichtlich gefälschte Briefe des Priesterkönigs erhielten. Nachdem dann sogar Papst Alexander 1177 seinen Leibarzt mit ungewissem Ausgang mit einem Brief an *presbytero Joanni* geschickt hatte, in dem man nun gar den „König der Inder" (*Indorum Regi*) vermutete, wurde die Hoffnung, im Rücken der muslimischen Feinde Verbündete zu finden, bis zum gänzlich unerwarteten Auftauchen der Mongolen an den Tore Zentraleuropas nahezu vergessen.[94]

Das mongolische Weltreich, das größte vor dem Britischen Empire, war eine Kreation Temudschins, nachdem dieser 1206 zum Tschingis Khan und Großkhan aller Mongolenstämme gewählt worden war. 1215 eroberte er Peking, 1243 wurden ein deutsch-polnisches Heer bei Liegnitz und ein ungarisches bei Budapest durch die Mongolen geschlagen. Nach dem Vorstoß der nomadischen Reiterkrieger bis in das östliche Mitteleuropa und der erneuten und letztlich endgültigen Vertreibung der Kreuzfahrer aus Jerusalem im folgenden Jahr wiegte sich das christliche Abendland erneut in der trügerischen Hoffnung, in den Mongolen Verbündete gegen den vermeintlich gemeinsamen Feind, den Islam, zu gewinnen. Päpste und der französische König Ludwig IX. schickten mehrere Gesandte an den Hof der Mongolenherrscher. Die bedeutendsten unter ihnen waren Giovanni de Plano Carpini[95] und der flämische Franziskanermönch Wilhelm von Rubruk in den Jahren 1245–1247 bzw. 1253–1255 nach Karakorum, der Hauptstadt des damals noch vereinigten Mongolenreichs.

Der Höhepunkt des Aufenthalts Rubruks war ein bis dahin wohl einmaliger „ökumenischer eurasischer Religionsdisput". Er fand auf Veranlassung des Großkhans Möngke, des Enkels von Tschingis Khan, statt und wäre auf europäischem Boden kaum vorstellbar gewesen. Möngkes Sekretär ließ Rubruk, dem die Vorbereitung des Gesprächs oblag, mitteilen: „Ihr seid hier Christen, Sarazenen (Muslime) und Tuinen (Buddhisten) und jeder von Euch behauptet, seine Religion sei die beste und seine Schriften, d. i. seine heiligen Bücher, enthielten die reinste Wahrheit. Daher hätte er (Möngke) es gern, dass Ihr Euch alle versammelt und Eure verschiedenen Lehren gegenüberstellt." Vor der Disputation

---

[94] Knefelkamp 1986; Reichert 1992; Borgolte 2014c; Kulke 1982; Reichert edierte auch die Reise Odorichs von Pordenone (Pordenone: 1987) und von Ludovico de Varthema (Varthema 1996).
[95] Carpini 1997;

drohte Möngke allerdings jedem die Todesstrafe an, der „streitsüchtige oder kränkende Worte gegen die andere Partei" gebrauche.[96] Aus dem Gespräch ging Rubruk, so berichtet er selbst, zwar als Sieger hervor. Doch weder er noch spätere christliche Botschafter erreichten die erwünschte politische Verständigung mit den mongolischen Großkhanen oder gar deren erhoffte Bekehrung zum Christentum. Die Berichte aber, die sie nach ihrer Rückkehr über den bis dahin in Europa gänzlich unbekannten asiatischen Großraum und die Macht des Mongolenreiches verfassten, stellen den Beginn der ‚Entgrenzung' des mittelalterlichen Weltbildes Europas dar. Ihre Reisen und Berichte schufen die Voraussetzung für die zwei Reisen des Venetianers Nicolo Polo und seines Sohnes Marco in den Jahren 1260–1269 und 1271–1295 nach Khanbaliq (Peking) an den Hof Kubilai Khans. Als Höhepunkt, wenn auch zunächst wohl nur literarische Vollendung der spätmittelalterlichen Entgrenzung Europas und seines mittelalterlichen Weltbildes, dürfte Marco Polos asiatischer Reisebericht *Le Livre des merveilles du monde* („Das Buch von den Wundern der Welt") anzusehen sein, der sehr bald in mehrere europäische Sprachen übersetzt und vielfach kopiert wurde.

Abschließend seien zwei weniger bekannte Ereignisse der folgenden Jahre genannt, die beispielhaft die intensiven eurasischen interkulturellen Begegnungen in der Zeit der Pax Mongolica verdeutlichen. Im Jahr 1308 wurde in Khanbaliq, dem heutigen Peking, ein christliches Erzbistum errichtet, dem bald ein weiteres in Sultaniye, der Hauptstadt der mongolische Ilkhane in Persien, folgte.[97] Noch deutlicher ist das Ausmaß der eurasischen Verflechtung bei einer über fünfzig Ordensbrüder zählenden Gesandtschaft zu erkennen, die 1342 unter der Leitung des Franziskaners Marignolli in Peking eintraf. Papst Benedikt XII. antwortete mit ihr auf eine fünfzehnköpfige chinesische Gesandtschaft, die der letzte mongolische Kaiser seinerseits an den Papst entsandt und die auch den französischen König Philipp VI. aufgesucht hatte. Bemerkenswert ist, dass sie unter der Leitung eines am chinesischen Hof tätigen Genuesen gestanden hatte. Die päpstliche Gesandtschaft schloss sich dieser über die Seidenstraße nach China zurückkehrenden chinesischen Gesandtschaft an. Beide Vorgänge stehen paradigmatisch für die überraschend schnelle Entgrenzung Europas im Zeichen der Pax Mongolica. Die Errichtung des Erzbistums in Peking und der erfolgreiche Austausch großer päpstlicher und mongolisch-chinesischer Botschaften fanden kaum hundert Jahre nach Liegnitz und dem ‚Mongolensturm' in das damals

---

96 Rubruck 1934: 265.
97 Fried 2014: 232.

gänzlich unwissende und unvorbereitete Europa statt und trugen bereits alle Anzeichen einer vormoderner Globalisierung. [98]

In einem Artikel über „Gedanken und Perspektiven zur Globalisierung im Mittelalter" spricht Johannes Fried im Zusammenhang mit einer geradezu abenteuerlichen Geschichte des katalonischen Dominikaner-Mönchs Guillelmus Adae von einer transnational agierenden Hochfinanz in einem politisch-ökonomischen und religiös-kulturellen Netzwerk der mediterranen Welt und des Indischen Ozeans. An diesem waren im frühen 14. Jahrhundert Muslime, Christen und Juden gewinnbringend beteiligt. Guillelmus, der nacheinander mehrere orientalische Bischofssitze innegehabt und Persien und Indien bereist hatte, schlug dem Papst nicht nur vor, mit Hilfe der weitgespannten Beziehungen einen neuen Kreuzzug zu finanzieren, sondern er riet ihm sogar, im Geheimen in Indien eine kriegstüchtige Flotte bauen zu lassen, um mit ihr den florierenden maritimen Handel der Muslime im Indischen Ozean durch eine Sperre im Golf von Aden zu unterbrechen. Die Angaben des Guillelmus lassen ein klares Bild der hochentwickelten Netzwerke in der südwestlichen maritimen Welt Eurasiens im Spätmittelalter erkennen, worauf bereits Abu Lughod hingewiesen hat, die darin wie Fried deutliche Anzeichen einer frühmodernen Globalisierung erkannte. Fried betont jedoch u. a. im Hinblick auf die bereits genannten jüdischen Geniza-Dokumente mit Recht die Ursprünge dieser Netzwerke in früheren Jahrhunderten, als sich arabische und jüdische Fernhändler „längst vor den lateinischen Europäern dem Handel mit Indien und China zugewandt" hatten.[99]

Scheinbar zusammenhanglose Beispiele von ‚strange parallels'

Bevor versucht werden soll, die Frage nach einer transkulturellen Mediävistik im eurasischen Kontext abschließend nochmals aufzugreifen, seien scheinbar zusammenhanglose Beispiele eurasischer ‚interkultureller Begegnungen' und ‚transkultureller Verflechtungen' sowie ein Beispiel einer ‚strange parallel' aufgezeigt, um diese Lieblingsworte Borgoltes und Liebermans aufzugreifen.

Das bekannteste hellenistische Erbe in Asien stellen die Skulpturen des Buddha dar. Ikonographisch gehen sie auf direkte hellenistisch-provinzialrömische Einflüsse der sogenannten Gandhara-Kunst in den ersten Jahrhunderten

---

98 Fried 2010, 2014.
99 Fried 2010: 216.

n. Chr. in der pakistanisch-afghanischen Grenzregion zurück.[100] Stilistisch kennzeichnend ist ihr klassisch-griechischer Faltenwurf. Die weltbekannten stehenden und sitzend-meditierenden Buddha-Skulpturen, die Ikonen des heutigen Buddhismus, erfuhren in Nord- und Zentralindien im 5. und 6. Jahrhundert n. Chr. unter der Gupta-Dynastie ihre klassische Ausformung. Sie traten in der Zeit des europäischen Mittelalters ihren Siegeszug an von Nordindien aus über die Seidenstraße nach Zentral- und Ostasien und von Ost-und Südindien über den Indischen Ozean nach Südostasien.[101]

Abb. 10: Buddha aus Takht-i-Bahi, Gandhara, 2. Jahrhundert n. Chr.
© Museum für Asiatische Kunst, Staatliche Museen zu Berlin. Foto Iris Papadopoulos

Abb. 11: Buddha, Sanchi, Zentralindien, 5. Jahrhundert n. Chr. © H. Kulke

---

100 Hallade 1968.
101 Sen 2014.

Abb. 12: The Great Buddha, 1252 n. Chr., 13,35 m, Kamakura, Japan. © H. Kulke

Ein besonders aussagekräftiges Beispiel transkultureller Begegnungen bilden drei sassanidische bzw. sassanidisch beeinflusste Seidentücher in Japan und Deutschland.[102] Im Jahr 607 überbrachte als Gegengabe für chinesische Geschenke eine Gesandtschaft des persischen Großkönigs Chosrau II. dem chinesischen Kaiser ein wertvolles Seidentuch mit sassanidisch-königlichen Motiven. Der chinesische Kaiser schickte daraufhin eine Kopie dieses Seidentuchs an einen befreundeten japanischen Fürsten, der es als Standarte in eine für ihn entscheidende Schlacht führte. Die Kopie dieses persisch-sassanidischen Seidentuchs bildet heute ein nationales Heiligtum im Horyuji-Palasttempel in Nara bei Kyoto, der noch im selben Jahr errichtet wurde. Arabische und byzantinische Nacharbeiten dieses Tuches gelangten auch nach Europa. Kopien des Seidentuches wurden ebenso wie zahlreiche andere byzantinische und persisch beeinflusste Seidentücher an europäische Höfe und in Kirchen und Klöster verbracht. Beispiel dafür ist ein sassanidischer Seidenstoff aus Köln, der den persischen König bei der Jagd zeigt. Es entstammt dem Grab Kuniberts, der als Kanzler des fränkischen Königs seit 623 Bischof von Köln war. Bekannt ist besonders der

---

102 Haussig 1992, mit Abb. 156, 157 und 160.

sogenannte ‚Elefantenstoff' des Aachener Domes,[103] der eine Nacharbeitung des 607 nach Japan gelangten Seidentuchs sein soll. In ihn hatte Otto III. im Jahr 1000 den Leichnam Karls des Großen einhüllen lassen, als er erstmals dessen Grab öffnen ließ. Es wird vermutet, dass Otto es entweder in diesem Jahr von seinem historischen Besuch in Gnesen mitgebracht hatte oder es bereits als Hochzeitsgabe seiner byzantinischen Mutter Theophanu nach Quedlinburg gelangt war. In Anbetracht der Herkunft und Verbreitung dieser Seidentücher könnte man versucht sein, von einer mittelalterlichen höfischen Wertegemeinschaft im eurasischen Raum zu sprechen.

Abb. 13: Sassanidisches Seidentuch, frühes 6. Jahrhundert n. Chr. Druckgenehmigung Horyuji Tempel, Nara, Japan. © K. Matsumoto, Kyoto and Shikosha Publisher, Kyoto

Als drittes Beispiel seien der Speyerer Dom und der Tempel von Tanjore (Tanjavur) in Südindien gegenübergestellt. Beide sakrale Bauten sind nahezu Zeitgenossen des frühen 11. Jahrhunderts und weisen in Entstehungsgeschichte und Funktion ‚strange parallels' auf. Der Speyerer Dom war konzipiert als größte Kirche des Abendlandes, während der Tempel von Tanjore alle früheren Tempel Indiens an Höhe um das Doppelte übertraf. Beide Bauten hatten signifikante sakral-legitimatorische und politisch-dynastische Funktionen. Sie verkörperten das sakrale Königtum ihrer Erbauer Konrad II. und Rajaraja und der von ihnen jeweils neu begründeten Dynastien der Salier und der Cholas. Der Dom zu Speyer war die Grablege aller Salier, und das

---

103 Grimme 1994.

Abb. 14: Sassanidisches Grabtuch Kuniberts, frühes 6. Jahrhundert n. Chr.; Pfarrgemeinde St. Kunibert Köln. © Bednorz-Images

Abb. 15: Elefantenstoff, Reliquienschrein Karl des Großen. © Domkapitel Aachen, Foto: Ann Münchow

zentrale Heiligtum von Tanjore, das monumentale phallische Symbol des Gottes Siva, war direkt mit dem Namen Rararajas verbunden. Die politische Funktion des Speyrer Doms trat besonders deutlich hervor, als Heinrich IV. auf dem Höhepunkt seines Kampfes mit Papst Gregor VII. und den päpstlichen Widersachern im Reich Teile des Domes abreißen und insbesondere dessen Ostteil zu seiner bleibenden imperialen Größe neu errichten ließ. Der Tempel in Tanjore entstand auf dem Gipfel des Aufstiegs der Chola-Dynastie zur imperialen Vormacht Süd- und Zentralindiens unter Rajaraja nach vernichtenden Niederlagen seiner Vorgänger gegen konkurrierende Regionalreiche. Dem Vorbild der Cholas und ihres Reichstempel folgten zahlreiche zeitgenössische Regionalreiche Nord- und Ostindiens.[104] In Europa könnte man an die auf dem Höhepunkt der Reconquista in Sevilla errichtete Kathedrale denken, die nun ihrerseits als größte Kirche der Christenheit auf den Fundamenten der zentralen Moschee der besiegten Almohaden erbaut wurde.

---

104 Heitzman 1991; Kulke 1978.

Scheinbar zusammenhanglose Beispiele von ‚strange parallels' — 37

Abb. 16: Kaiserdom zu Speyer, 11. Jahrhundert. © Alfred Hutter

Abb. 17: Reichstempel in Tanjore, Tamil Nadu, Indien, 11. Jahrhundert.
© H. Kulke

‚Desultory remarks'
über ein eurasisches Mittelalter

Welche Schlussfolgerungen sind aus dem letztlich arg heterogenen Material zu ziehen? Der kontroversen Frage, ob es neben dem zeitlich und geographisch scheinbar so klar definierten europäischen Mittelalter ein vergleichbares eurasisches Mittelalter gegeben habe, versuchte ich gerade mit einer ‚strange parallel' in Eurasien in der Zeit des europäischen Mittelalters etwas näher zu kommen.[105] Dem Beispiel der gleichzeitigen und in ihren politischen und religiös-legitimatorischen Funktionen sehr ähnlichen Sakralbauten in Europa und Teilen Asiens können andere hinzugefügt werden. So verfasste der kaschmirische Brahmane Kalhana 1248 seine *Rajatarangini-Chronik* („Strom der Könige") ein Jahr nachdem der Bischof Otto von Freising seine *Chronica sive Historia de duabus civitatibus* („Geschichte der zwei Staaten") abgeschlossen hatte. Beide Werke gelten als die bedeutendsten Geschichtswerke des hinduistischen bzw. deutschen Mittelalters und weisen auffallende Übereinstimmungen in ihren teleologischen Geschichtsbildern auf.[106] Ihnen liegt die Idee einer von Gott gesetzten Zeitordnung zugrunde, in der alles Geschehen von der Schöpfung bis in das letzte Zeitalter einzuordnen ist. Wichtig ist, dass es in beiden Weltchroniken kein ‚Mittelalter' gibt. Die Gegenwart wird stattdessen als Teil oder Vorspiel der Endzeit begriffen, die im christlichen Abendland dem Kommen des Antichrist und der Wiederkehr Christi vorgeordnet ist. Im Hinduismus geht das gegenwärtige Kali Yuga, das „finstere" und letzte der vier *yuga*-Zeitalter, apokalyptisch unter, bevor die Welt erneut durch den Großgott (*mahadeva*) Shiva erschaffen wird. Handelt es sich nun bei den Zeitgenossen Otto von Freising und Kalhana aus Kaschmir wie auch bei den gleichzeitigen politischen Sakralbauten in Speyer und Tanjore wirklich nur um eine zufällige zeitliche ‚Verwandtschaft' oder verbarg sich hinter ihnen das, was Horst Fuhrmann „das Mittelalterliche am Mittelalter" bezeichnet[107] und was in Indien unter „medievalism" oder „feudal mind" verstanden wird?[108]

---

105 Diese wenigen Beispiele interkultureller Begegnungen und Verflechtungen und der ‚strange parallels' ließen sich um ein Vielfaches erweitern. Man denke z. B. an die sogenannten arabischen, aber indischen Ziffern oder an das Panchatantra, eine indische Sammlung politisch lehrhafter Fabeln, das als das neben der Bibel in vormoderner Zeit am häufigsten übersetzte Buch der Weltliteratur gilt. Die indischen Ziffern und das Panchatantra wurden seit dem 6. Jahrhundert über Persien und die arabische Welt nach Europa vermittelt und vielfach übersetzt. Einen ähnlichen Weg legte das Schachspiel von Indien nach Europa zurück.
106 Kulke 1979, 2005: 97–118.
107 Fuhrmann 1987: 1 ff.
108 Sharma 2001.

Mehrere ähnliche Parallelen zwischen dem europäischen Mittelalter und etwa gleichzeitigen ‚mittelalterlichen' Entwicklungen in Teilen Asiens lassen sich unschwer aufzeigen. So sind deutliche Übereinstimmungen zu erkennen zwischen der frühmittelalterlichen staatlichen Entwicklung Ostfrankens-Deutschlands in der Karolinger- und Ottonen-Zeit und der „early state formation" in Indien und Südostasien. Die Struktur der ‚Stammesherzogtümer' im fränkisch-deutschen Reich und der parallele Aufstieg der Stammesfürstentümer zu Kleinkönigtümern in Indien waren von lokal und regional orientierten Personalverbänden geprägt. Was Fried über den ‚Karolingischen Herrschaftsverband' im 9. Jahrhundert zwischen ‚Kirche' und ‚Königshaus' sagt, stimmt weitgehend mit ‚Early Medieval India' überein: „Ethnischer Personalismus prägte noch immer die geistige Grundhaltung der führenden politischen Denker und Gestalter der Epoche. Hier fehlte jegliche strukturbezogene, staatliche Perspektive (...). Abstrahierendes Kirchen- und institutionsbewußtes Hausdenken genügten nicht, um den politisch-sozialen Gesamtzusammenhang zu durchdringen, zu einer institutionellen Einheit zusammenzufügen."[109]

Ohne in weitere Einzelheiten gehen zu können, seien ähnliche Übereinstimmungen zumindest angedeutet. Hier wäre insbesondere die in dem friedschen Zitat bereits erwähnte, strukturgeschichtlich für das frühe Mittelalter Deutschlands signifikante Regionalisierung zu erwähnen, die für die frühmittelalterliche Entwicklung Indiens und Südostasiens ebenso relevant ist. Die frühstaatliche Regionalisierung dieser ‚eurasischen Regionen' sei auch deshalb nochmals hervorgehoben, weil sie eine Voraussetzung, wenn nicht gar die Grundlage der kulturellen und insbesondere der sprachlichen Regionalisierung in Europa und Teilen Asien bildete. Diese keineswegs immer friedlich verlaufene Regionalisierung schuf die Identitäten der späteren Nationen Europas und Südostasiens und der touristisch so beliebten Regionalkulturen Indiens.

Der zweite Weg, den wir bei unserem Versuch beschritten, das europäische Mittelalter in Wirkungszusammenhänge der eurasische Geschichte einzubinden, führte uns zu den großräumigen Migrationen und Invasionen, die seit der frühen Geschichte bis ins Mittelalter vorwiegend von Zentralasien ausgingen. Diese beeinflussten historische Prozesse weiter Teile des eurasischen Großkontinents und damit direkt und indirekt auch deren Periodisierung. Die Folgen der Hunneninvasion und der islamisch-arabischen Expansion hängen, wenn auch sicherlich nicht direkt, so doch aber indirekt mit dem Niedergang der Klassik und dem endgültigen Beginn des Mittelalters ebenso zusammen wie der Mongoleneinfall

---

[109] Fried 1982. Für Indien siehe Chattopadhyaya 1994; Kulke 1992, 1995c; für Südostasien Kulke 1986, 1991b, 1993.

und die Pax Mongolica mit dessen beginnender Entgrenzung. Wenn wir ferner daran denken, dass die für Eurasien und gerade auch für Europa so folgenschweren ethnischen Invasionen der Araber, Türken und Mongolen in die Zeit des europäischen Mittelalters fallen, lässt sich unschwer die eurasische Dimension auch des europäischen Mittelalters erkennen.

Was die Frage angeht, ob es ein eurasisches Mittelalter gibt, einige kurze, aber keineswegs abschließende Anmerkungen. Epistemologisch können wir uns der Antwort auf den zwei Wegen der Periodisierung und der Hermeneutik nähern. Legt man die strengen heußschen Kriterien der Periodisierung an, also den Untergang einer ‚klassischen Kultur' als Voraussetzung eines Mittelalters anzusehen, so werden wir in Asien mit Indien, China und Japan zumindest teilweise durchaus fündig. Andere Regionen Asiens mit ihren großartigen mittelalterzeitlichen Kulturen, wie z. B. in Südost- und Zentralasien (Angkor; Turfan-Kultur), können dagegen nach Heuß „keinen Schatten einer Berechtigung (auf ein Mittelalter) für sich in Anspruch nehmen", da ihnen die klassische Periode fehlt. Doch hier muss man der europäischen Mediävistik die Gegenfrage stellen: Gab es ein gesamteuropäisches Mittelalter? Wie sieht es nämlich mit den Gebieten des ‚klassiklosen' Nord- und Osteuropa aus, die weit über die Hälfte Europas umfassen? Verkörperten die Wikinger und Rus' das klassische Nord- und Osteuropa? Bei der Beantwortung dieser Frage könnte uns ein eurasischer Vergleich hilfreich sein. Denn die Einbindung Nord-und Osteuropas in das mittelalterliche Europa durch das römische und byzantinische Christentum ließe sich in der Tat mit der sogenannten ‚Indisierung' Südostasiens und der sogenannten ‚Sinisierung' Koreas und Japans vergleichen.

Stellen wir die hermeneutische Frage nach dem kulturellen und sozio-ökonomischen Wesen, dem fuhrmannschen „Mittelalterlichen am Mittelalter" eines angedachten eurasischen Mittelalters, so können wir zwar auf die wenigen bereits vorgebrachten Teilantworten verweisen. Doch blieb bisher die sich fast zwangsläufig stellende Frage unbeantwortet, ob ein postuliertes eurasisches Mittelalter nicht auch die Existenz eines ‚eurasischen Feudalismus' bedingt. Diese Frage lässt sich nahezu in heußscher Art kategorisch verneinen. Aber nur ‚nahezu', weil bedeutende Historiker die Existenz eines Feudalismus zumindest in Japan und Indien als gesichert ansehen. So deutet zum Beispiel der amerikanische Japan-Historiker John Whitney Hall das große Zeitalter des Kamakura Shogunats (1185 – 1333) mit überzeugenden Argumenten als „Zeitalter des Feudalismus".[110] Und vor zwanzig Jahren wurde der Bonner Ostasienhistoriker Reinhard Zöllner in Kiel mit

---

110 Hall 1968: 79–136.

der Dissertation promoviert: *Die Ludowinger und die Takeda. Feudale Herrschaft in Thüringen in Kai no kuni*, letzteres ist ein japanisches Fürstentum.[111]

In Indien wird seit 1965, als R. S. Sharmas *Indian Feudalism* erschien, die frühmittelalterliche Geschichte von teilweise sehr kontroversen Diskussionen zwischen konservativ-nationalen und sogenannten marxistischen Historikern dominiert.[112] Diese Auseinandersetzungen brachen unter der hindu-nationalistischen Kulturpolitik der indischen Regierung unlängst erneut heftig aus. Trotz aller Kritik an den Thesen des indischen Feudalismus, auch seitens dieses Autors,[113] besteht jedoch an der Existenz feudaler sozio-ökonomischer Strukturen und eines ‚feudal mind' im frühmittelalterlichen Indien kein Zweifel. Dieses hatte die heute an der Universität von Kolkata (Kalkutta) lehrende Swapna Bhattacharya bereits vor 30 Jahren in ihrer Heidelberger Dissertation und einem Aufsatz über das frühmittelalterliche Bengalen bestätigt.[114] Trotz der Existenz feudaler Strukturen bleibt es dennoch umstritten, ob der ‚Indian Feudalism' eine dem europäischen Feudalismus vergleichbare umfassende „mode of production" gewesen sei, wie dies seine indischen Protagonisten postulieren.

Die auch hier letztlich unbeantwortete Frage, ob es ein eurasisches Mittelalter gibt, soll abschließend durch eine weitere ergänzt werden. Können dessen Periodisierung und das „Mittelalterliche am Mittelalter" einzig an Kriterien europäischer Mediävistik entschieden werden oder kann die kognitive Entgrenzung der transkulturellen Mediävistik Borgoltes auch zu einer transeurasischen Mittelalterforschung erweitert werden?

---

111 Zöllner 1995.
112 Sharma 1965, 2001.
113 Kulke 1991a, 1992, 1995b: 6–18; Chattopadhyaya 1994.
114 Bhattacharya 1980, 1984.

Literaturnachweise

Abu-Lughod, J. L., Before European Hegemony. The World System A. D. 1250–1350, New York 1989.
Abu-Lughod, J. L., Das Weltsystem im 13. Jahrhundert: Sackgasse oder Wegweiser, in: P. Feldbauer (Hrsg.), Mediterraner Kolonialismus. Expansion und Kulturaustausch im Mittelalter, Essen 2005, 131–157.
Alpers, E. A., The Indian Ocean in World History, New York 2014.
Alram, M., Coinage and History: From the Greco-Baktrian Kings to the Kushan, in: International Journal of Eurasian Studies 2 (2015), 1–13.
Altaner, B., Sprachkenntnisse und Dolmetscherwesen im missionarischen und diplomatischen Verkehr zwischen Abendland (Päpstliche Kurie) und Orient im 13. und 14. Jahrhundert, in: Zeitschrift für Kirchengeschichte 55 (1936), 83–126.
Arnason, J. P., State Formation and Empire Building, in: B. Z. Kedar/M. E. Wiesner-Hanks (Hrsg.), Expanding Webs of Exchange and Conflict, 500 CE–1500 CE, Cambridge 1915, 483–512.
Bagchi, P. C., India and China. Interactions through Buddhism and Diplomacy. A Collection of Essays by Professor Prabodh Chandra Bagchi, compiled by Bangwei Wang and Tansen Sen, Singapore 2012.
Begley, V./R. D. de Puma (Hrsg.), Rome and India. The Ancient Sea Trade, Delhi 1992.
Benjamin, C., The Yuezhi. Origin, Migration and the Conquest of Northern Bactria, Turnhout 2007.
Benjamin, C. (Hrsg.), A World with States, Empires, and Networks, 1200 BCE–900 CE, Cambridge 2015.
Berghaus, P., Zu den römische Münzfunden aus Indien, in: Schweizerische Numismatische Rundschau (1992), 226–247.
Bezzola, G. A., Die Mongolen in abendländischer Sicht (1220–1270), München 1974.
Bhattacharya, S., Landschenkungen und staatliche Entwicklung im frühmittelalterlichen Bengalen (5. bis 13. Jahrhundert n. Chr.), Wiesbaden 1984.
Bopearachchi, O., Monnaies gréco-bactriennes et indo-grécques, Paris 1999.
Borell, B., The Power of Images – Coin Portraits of Roman Emperors on Jewellery Pendants in Early Southeast Asia, in: Zeitschrift für Archäologie Außereuropäischer Kulturen 6 (2014), 7–43.
Borgolte, M., Der Gesandtenaustausch der Karolinger mit den Abbasiden und mit den Patriarchen von Jerusalem, München 1976.
Borgolte, M. (Hrsg.), Das europäische Mittelalter im Spannungsbogen des Vergleichs. Zwanzig internationale Beiträge zu Praxis, Problemen und Perspektiven der historischen Komparatistik, Berlin 2001a.
Borgolte, M., Perspektiven europäischer Mittelalterhistorie an der Schwelle zum 21. Jahrhundert, in: Ders. (Hrsg.), Das europäische Mittelalter im Spannungsbogen des Vergleichs, Berlin 2001b, 13–28.
Borgolte, M., Christen, Juden, Muselmanen. Die Erben der Antike und der Aufstieg des Abendlandes 300 bis 1400 n. Chr., München 2006.
Borgolte, M./M. M. Tischler (Hrsg.), Transkulturelle Verflechtung im mittelalterlichen Jahrtausend. Europa, Ostasien und Afrika, Darmstadt 2012.

Borgolte, M., Karl der Große – sein Platz in der Globalgeschichte, in: Lohse, T./B. Scheller (Hrsg.), Europa in der Welt des Mittelalters, Berlin 2014a, 241–266.
Borgolte, M., Mittelalter in der größeren Welt. Essays zur Geschichtsschreibung und Beiträge zur Forschung, hrsg. von T. Lohse/B. Scheller, Berlin 2014b.
Borgolte, M., Experten der Fremde. Gesandte in interkulturellen Beziehungen des frühen und hohen Mittelalters, in: Ders., Mittelalter in der größeren Welt, Berlin 2014c, 361–399.
Borgolte, M., Mittelalter in der größeren Welt. Mediävistik als globale Geschichte, in: Ders., Mittelalter in der größeren Welt, Berlin 2014d, 531–546.
Brandtner, M., Taxila. Geschichte und Deutung einer Stadt am indischen Ausläufer der Seidenstraße, in: U. Hübner/J. Kamlah/L. Reinfandt (Hrsg.), Die Seidenstraße. Handel und Kulturaustausch in einem eurasiatischen Wegenetz, Hamburg 2004, 35–62.
Carpini, Johannes von Plano, Kunde von den Mongolen 1245–1247, übersetzt und erläutert von F. Schmieder, Sigmaringen 1997.
Casson, L., The Periplus Maris Erythaei. Text with introduction, translation and commentary. Princeton 1989.
Casson, L., New Light on Maritime Loans: P. Vindob. G 40822, in: Zeitschrift für Papyrologie und Epigraphik 84 (1990), 73–79.
Chakravarti, R. (Hrsg.), Indo-Judaic Studies in the Twenty First Century: A View from the Margins, New York 2007.
Chakravarti, R., Indian Trade through Jewish Geniza Letters (1000–1300), in: Studies in People's History 2 (2015), 27–40.
Chattopadhyaya, B. D., The Making of Early Medieval India, New Delhi 1994.
Chau Ju-Kua, His Work on the Chinese and Arab Trade in the Twelfth and Thirteenth Centuries, Entitled Chu-fan-chï. Edited, translated from the Chinese and annotated by F. Hirth/W. W. Rockhill, second, unchanged edition, Amsterdam 1966.
Chaudhuri, K. N., Trade and Civilization in the Indian Ocean. An Economic History from the Rise of the Islam to 1750, Cambridge 1985.
Chaudhuri, K. N., Asia before Europe. Economy and Civilization of the Indian Ocean from the Rise of Islam to 1750, New York 1990.
Chung, T./Yinzeng, G., India and China: Twenty Centuries of International Interaction and Vibrations, Delhi 2005.
Conermann, S., Die Beschreibung Indiens in der „Riḥla" des Ibn-Baṭṭūṭa, Berlin 1993.
Conermann, S./J. Kusber (Hrsg.), Die Mongolen in Asien und Europa, Frankfurt 1997.
Conermann, S. (Hrsg.), Der Indische Ozean in historischer Perspektive, Hamburg 1998a.
Conermann, S., Muslimische Seefahrt im Indischen Ozean vom 14. bis zum 16. Jahrhundert, in: Ders. (Hrsg.), Der Indische Ozean, Hamburg 1998b, 143–180.
Conermann, S., Südasien und der Indische Ozean, in: W. Reinhard (Hrsg.), Geschichte der Welt. 1350–1750, München 2014, 369–510.
Conrad, S./S. Randeria/R. Römhild (Hrsg.), Jenseits des Eurozentrismus. Postkoloniale Perspektiven in den Geschichts- und Kulturwissenschaften, 2. Aufl., Frankfurt 2013.
Daryaee, T., Western and Central Eurasia, in: C. Benjamin (Hrsg.), A World with States, Empires, and Networks, 1200 BCE–900 CE, Cambridge 2015, 271–299.
De Puma, R. D., The Roman Bronzes from Kolhapur, in: V. Begley/R. D. De Puma (Hrsg.), Rome and India. The Ancient Sea Trade, Delhi 1992.
Dihle, A., Die entdeckungsgeschichtlichen Voraussetzungen des Indienhandels der römischen Kaiserzeit, in: H. Temporini/W. Haase (ed.), Aufstieg und Niedergang der römischen Welt, Bd. II, 9, 2, Berlin/New York 1978, 546–580.

Ertl, T./M. Limberger (Hrsg.), Die Welt 1250–1500, Wien 2009.
Falk, H., Aśokan Sites and Artefacts. A Source-Book with Bibliography, Mainz 2006.
Franke, H./R. Trauzettel, Das chinesische Kaiserreich, Frankfurt 1968.
Feldbauer, P./B. Hausberger/J.-P. Lehners (Hrsg.), Globalgeschichte. Die Welt 1000–2000, 8 Bände, Wien 2008–2011.
Feldbauer, P./G. Liedl , Konjunkturen und Verflechtungen. Die westliche islamische Welt, in: A. Schottenhammer/P. Feldbauer (Hrsg.), Die Welt 1000–1250, Wien 2011, 173–212.
Flecker, M., The Thirteenth-Century Jawa Sea Wreck: A Chinese Cargo in an Indonesian Ship, in: The Mariner's Mirror 89 (2003), 388–404.
Fried, J., Auf der Suche nach der Wirklichkeit. Die Mongolen und europäische Erfahrungswissenschaft im 12. Jahrhundert, in: Historische Zeitschrift 243 (1986), 287–332.
Fried, J., Der karolingische Herrschaftsverband im 9. Jh. Zwischen Kirche und Königshaus, in: Historische Zeitschrift 235 (1982),1–43.
Fried, J./E.-D. Hehl (Hrsg.), Weltdeutungen und Weltreligionen 600–1500, Darmstadt 2010.
Fried, J., Karl der Große. Gewalt und Glaube. Eine Biographie, München 2013.
Fried, J., Gedanken und Perspektiven zur Globalisierung im Mittelalter, in: Lohse, T./B. Scheller (Hrsg.), Europa in der Welt des Mittelalters, Berlin 2014, 211–240.
Fuhrmann, H., Einladung ins Mittelalter, München 1987.
Geary, P. J., Europäische Völker im frühen Mittelalter. Zur Legende vom Werden der Nationen, Frankfurt 2002.
Gehler, M./R. Rollinger (Hrsg.), Imperien und Reiche in der Weltgeschichte. Epochenübergreifende und globalhistorische Vergleiche, 2 Bde., Wiesbaden 2014.
Gernet, J., Die Chinesische Welt, Frankfurt 1979.
Goitein, S. D., From Aden to India. Specimens of the Correspondence of India Traders of the Twelfth Century, in: Journal of the Economic and Social History of the Orient 23 (1980), 43–66.
Goitein, S. D./M. A. Friedman, Indian Traders of the Middle Ages. Documents from the Cairo Geniza „India Book", Part I, Leiden 2006.
Guilot, C./D. Lombard/R. Ptak (Hrsg.), From Mediterranean to the China Sea: Miscellaneous Notes. Wiesbaden 1998.
Gurukkal, R., Rethinking Classical Indo-Roman Trade. Political Economy of Eastern Mediterranean Trade Relations, Delhi 2016.
Guy, J., Tamil Merchant Guilds and the Quanzhou Trade, in: A. Schottenhammer (Hrsg.), The Emporium of the World. Maritime Quanzhou, 1000–1400, Leiden 2001.
Grimme, E. G., Der Dom zu Aachen. Architektur und Ausstattung, Aachen 1994.
Hall, J. W., Das Japanische Kaiserreich, Frankfurt 1968.
Hallade, M., Indien. Gandhara Begegnung zwischen Orient und Okzident, Herrsching 1968.
Hambly, G., Zentralasien, Frankfurt 1966.
Härtel, H./M.Yaldiz, Malereien und Plastiken aus Buddhistischen Höhlentempeln (Aus der Sammlung des Museums für Indische Kunst Berlin), Berlin 1987.
Hauptmann, H. (Hrsg.), The Indus. Cradle and Crossroads of Civilzations. Pakistan-German Archaeological Research, Islamabad 1997.
Haussig, H. W., Die Geschichte Zentralasiens und der Seidenstraße in vorislamischer Zeit, Darmstadt 1983.
Haussig, H. W., Archäologie und Kunst der Seidenstraße, Darmstadt 1992.

Heitzman, J., Ritual Polity and Economy: The Transactional Network of an Imperial Temple in Medieval South India, in: Journal of the Economic and Social History of the Orient 34 (1991), 23–54.
Heuß, A., Einleitung, in: F. Altheim/A. Heuß/H.-J. Kraus/W. von Soden (Hrsg.), Hochkulturen des mittleren und östlichen Asiens, Frankfurt 1962, 11–38.
Heuß, A., Zur Theorie der Weltgeschichte, Berlin 1968.
Higham, C., The Archaeology of Mainland Southeast Asia From 10.000 B. C. to the Fall of Angkor, Cambridge 1989.
Hourani, G. F., Arab Seafaring in the Indian Ocean in Ancient and Early Medieval Times, Beirut 1963.
Hübner, U./J. Kamlah/L. Reinfandt (Hrsg.), Die Seidenstraße. Handel und Kulturaustausch in einem eurasiatischen Wegenetz, 3. Aufl., Hamburg 2005.
Ibn Battuta, The Adventures of Ibn Battuta: A Muslim Traveller of the Fourteenth Century, Preface by R. E. Ross, 3. Aufl., Berkeley 2012.
Jettmar, K., Felsbilder und Inschriften am Karakorum Highway, in: Central Asiatic Journal 24 (1980), 185–221.
Karashima, N., Ancient and Medieval Tamil and Sanskrit Inscriptions Relating to Southeast Asia and China, in: H. Kulke/K. Kesavapani/V. Sakhuja (Hrsg.), Nagapattinam to Suvarnadwipa. Reflections on the Chola Naval Expeditions, Singapore 2010, 271–291.
Karttunen, K., India and the Hellenistic World, Helsinki 1997.
Kedar, B. Z./M. E. Wiesner-Hanks (Hrsg.), Expanding Webs of Exchange and Conflict, 500 CE–1500 CE, Cambridge 1915.
Khazanov, A. M., Pastoral Nomadic Migration and Conquests, in: B. Z. Kedar/M. E. Wiesner-Hanks (Hrsg.), Expanding Webs of Exchange and Conflict, 500 CE–1500 CE, Cambridge 2015, 359–384.
Klopprogge, A., Das Mongolenbild im Abendland, in: S. Conermann/J. Kusber (Hrsg.), Die Mongolen in Asien und Europa, Frankfurt 1997, 81–102.
Knefelkamp, U., Die Suche nach dem Reich des Priesterkönigs Johannes. Dargestellt anhand von Reiseberichten und anderen ethnographischen Quellen des 12. bis 17. Jahrhunderts, Gelsenkirchen 1986.
Kulke, H., Der Devarāja-Kult: Legitimation und Herrscherapotheose im Angkor-Reich, in: Saeculum 25 (1974), 24–55.
Kulke, H., Royal Temple Policy and the Structure of Medieval Hindu Kingdoms, in: A. Eschmann/H. Kulke/G. C. Tripathi (Hrsg.), The Cult of Jagannath and the Regional Tradition of Orissa, Delhi 1978, 25–138.
Kulke, H., Geschichtsschreibung und Geschichtsbild im hinduistischen Mittelalter, in: Saeculum 30 (1979) 100–112.
Kulke, H., Gibt es ein indisches Mittelalter? Versuch einer eurasiatischen Geschichtsbetrachtung, in: Saeculum 33 (1982), 221–239.
Kulke, H., The Early and the Imperial Kingdom in Southeast Asian History, in: D. Marr/A. Milner (Hrsg.), Southeast Asia in the 9th to 14th Centuries, Singapore/Canberra 1986, 1–22.
Kulke, H., Indian Colonies, Indianization or Cultural Convergence? Reflections on the Changing Image of India's Role in South East Asia, in: H. Schulte-Nordholt (Hrsg.), Onderzoek in Zuidoost-Azie. Agenda's voor de jaren negentig, Leiden 1990, 8–32.
Kulke, H., Die indische Debatte über asiatische Produktionsweise und indischen Feudalismus, in: H. Boockmann/K. Jürgensen (Hrsg.), Nachdenken über Geschichte. Beiträge aus der Ökumene der Historiker, Neumünster 1991a, 305–320.

Kulke, H., Epigraphical References to the 'City' and the 'State' in Early Indonesia, in: Indonesia 52 (1991b), 3–22.
Kulke, H., Fragmentation and Segmentation Versus Integration? Reflections on the Concepts of Indian Feudalism and the Segmentary State in Indian History, in: Studies in History 4 (1992), 237–264.
Kulke, H., Kadātuan Śrīvijaya – Empire or kraton of Śrīvijaya?, in: Bulletin de l' École française d' Extrême-Orient 80 (1993), 159–180.
Kulke, H., Srivijaya – Ein Großreich oder die Hanse des Ostens?, in: A. Eggebrecht/E. Eggebrecht (Hrsg.), Versunkene Königreiche Indonesiens, Mainz 1995a, 46–76.
Kulke, H. (Hrsg.), The State in India 1000–1700, New Delhi 1995b (erweiterte Neuauflage Delhi 2016).
Kulke, H., The Early and the Imperial Kingdom: A Processural Model of Integrative State Formation in Early Medieval India, in: Ders. (Hrsg.), The State in India 1000–1700, New Delhi 1995c, 233–262.
Kulke, H., Mongolen in Asien und Europa? Einleitende Überlegungen zur Ringvorlesung, in: S. Conermann/J. Kusber (Hrsg.), Die Mongolen in Asien und Europa, Frankfurt 1997, 9–26.
Kulke, H., Rivalry and Competition in the Bay of Bengal. A View from the Eleventh Century and its Bearing on Indian Ocean Studies, in: Om Prakash/D. Lombard (Hrsg.), Commerce and Culture in the Bay of Bengal, 1500–1800, Delhi 1999, 17–36.
Kulke, H., Die Seidenstraße in der eurasiatischen Geschichte, in: U. Hübner/J. Kamlah/L. Reinfandt (Hrsg.), Die Seidenstraße. Handel und Kulturaustausch in einem eurasiatischen Wegenetz, Hamburg 2001, 1–17.
Kulke, H., Maritimer Kulturtransfer im Indischen Ozean: Theorien zur „Indisierung" Südostasiens im 1. Jahrtausend n. Chr., in: Saeculum 56 (2005), 173–198.
Kulke, H., Indien und die Indian Ocean Studies, in: Ders., Indische Geschichte bis 1750, München 2005, 176–190.
Kulke, H./D. Rothermund, Geschichte Indiens, 3. Aufl., München 2006.
Kulke, H., The Naval Expeditions of the Cholas in the Context of Asian History, in: Ders./K. Kesavapani/V. Sakhuja (Hrsg.), Nagapattinam to Suvarnadwipa. Reflections on the Chola Naval Expeditions, Singapore 2010, 1–20.
Kulke, H., From Ashoka to Jayavarman VII: Some Reflections on the Relationship between Buddhism and the State in India and Southeast Asia, in: T. Sen (Hrsg.), Buddhism Across Asia: Networks of Material, Intellectual and Cultural Exchange, Singapore 2014, 327–346.
Le Coq, A. von, Bilderatlas zur Kunst- und Kulturgeschichte Mittel-Asiens, Berlin 1925.
Le Coq, A. von, u. a., Sprachwissenschaftliche Ergebnisse der Deutschen Turfan-Forschung. Text – Editionen und Interpretationen, Leipzig 1972.
Lerner, J., Regional Study: Baktria – the Crossroads of Ancient Eurasia, in: C. Benjamin (Hrsg.), A World with States, Empires, and Networks, 1200 BCE–900 CE, Cambridge 2015, 300–324.
Lieberman, V., Transcending East-West Dichotomies: State and Culture Formation in Six Ostensibly Disparate Areas, in: Modern Asian Studies 31 (1997), 463–546.
Lieberman, V., Strange Parallels. Southeast Asia in Global Context, c. 800–1830. 2 Vols., New York 2003/2009.
Limberger, M./T. Ertl, Vormoderne Verflechtungen von Dschingis Khan bis Christoph Columbus, in: T. Ertl/M. Limberger (Hrsg.), Die Welt 1250–1500, Wien 2009, 11–28.
Liu, X., Regional Study: Exchanges within the Silk Roads World System, in: C. Benjamin (Hrsg.), A World with States, Empires, and Networks, 1200 BCE–900 CE, Cambridge 2015, 457–479.

Lohse, T./B. Scheller (Hrsg.), Europa in der Welt des Mittelalters. Ein Colloquium für und mit Michael Borgolte, Berlin 2014.

Lombard, D./J. Aubin (Hrsg.), Marchands et homes d'affaires asiatiques dans l'Océan Indien et la Mer de Chine: 13e –20e siècles, Paris 1988.

Mabbett, I. W., The „Indianization" of Southeast Asia: Reflections on the Historical Sources, in: Journal of Southeast Asian Studies 8 (1977), 143–61.

MacDowall, D. W., The Greek Kingdom of Bactria, its Coinage and Collapse, in: O. Bopearachchi/M.-F. Boussac (Hrsg.), Afghanistan. Ancien carrefour entre l'Est et l' Ouest, Turnhout, Belgium 2005.

McCrindle, J. W., Ancient India as Described by Megasthenes and Arrian, Calcutta 1877.

Manguin, P.-Y./A. Mani/G. Wade (Hrsg.), Early Interactions between South and Southeast Asia. Reflections on Cross-Cultural Exchange, Singapore/Delhi 2011.

Moore, B. I., The Birth of Europe as a Eurasian Phenomenon, in: Modern Asian Studies 31 (1997), 583–601.

Osterhammel, J., Transkulturell vergleichende Geschichtswissenschaft, in: H.-G. Haupt/J. Kocka (Hrsg.), Geschichte und Vergleich. Ansätze und Ergebnisse international vergleichender Geschichtsschreibung, Frankfurt 1996, 271–313.

Pazdernik, C. F., Late Antiquity in Europe c. 300–900 CE, in: C. Benjamin (Hrsg.), A World with States, Empires, and Networks, 1200 BCE–900 CE, Cambridge 2015, 375–406.

Perdue, P. C., Imperien und Grenzregionen in Kontinentaleurasien, in: W. Reinhard (Hrsg.), Geschichte der Welt. 1350–1750, München 2014, 53–218.

Ptak, R., Die maritime Seidenstraße. Küstenräume, Seefahrt und Handel in vorkolonialer Zeit, München 2007.

Pjotrowiskij, M. (Hrsg.), Die Schwarze Stadt an der Seidenstraße. Buddhistische Kunst aus Khara Khoto (10.–13. Jahrhundert), Berlin 1994.

Pordenone, Odorich von, Die Reise des Seligen Odorich von Pordenone nach Indien und China (1314/18–1330). Übersetzt, eingeleitet und erläutert von F. Reichert, Heidelberg 1987.

Raschke, M. G., New Studies in Roman Commerce with the East, in: H. Temporini/W. Haase (Hrsg.), Aufstieg und Niedergang der römischen Welt, Bd. II, 9,2, Berlin/New York 1978, 604–1363.

Ray, H., China and the „Western Ocean" in the Fifteenth Century, in: S. Chandra (Hrsg.), The Indian Ocean. Explorations in History, Commerce and Politics, Delhi 1987, 109–124.

Ray, H. P., Winds of Change. Buddhism and the Maritime Links of Early South Asia, Delhi 1994.

Ray, H. P./J. F. Salles (Hrsg.), Tradition and Archaeology: Early Maritime Contacts in the Indian Ocean, New Delhi 1996.

Ray, H. P., Trading Partners across the Indian Ocean: the Making of Maritime Communities, in: B. Z. Kedar/M. E. Wiesner-Hanks (Hrsg.), Expanding Webs of Exchange and Conflict, 500 CE–1500 CE, Cambridge 2015, 287–308.

Reade, J. (Hrsg.), The Indian Ocean in Antiquity, London 1996.

Reden, S. von, Global Economic History, in: C. Benjamin (Hrsg.), A World with States, Empires, and Networks, 1200 BCE–900 CE, Cambridge 2015, 29–54.

Reichert, F., Begegnung mit China. Die Entdeckung Ostasiens im Mittelalter, Sigmaringen 1992.

Reinhard, W. (Hrsg.), Geschichte der Welt. 1350–1750. Weltreiche und Weltmeere, München 2014.

Reinhard, W., Einleitung: Weltreiche, Weltmeere – und der Rest der Welt, in: Ders. (Hrsg.), Geschichte der Welt. 1350–1750, München 2014, 9–52.

Rothermund, D./R. Ptak (Hrsg.), Emporia, Commodities and Entrepreneurs in Asian Maritime Trade ca. 1400–1750, Stuttgart 1991.
Rothermund, D./S. Weigelin-Schwiedrzik (Hrsg.), Der Indische Ozean. Das afro-asiatische Mittelmeer als Kultur und Wirtschaftsraum, Wien 2004.
Rothermund, D./T. Frasch, Im Glanz des Mittelalters. Südasien und der Indische Ozean, in: A. Schottenhammer/P. Feldbauer (Hrsg.), Die Welt 1000–1250, Wien 2011, 90–111.
Rubruck, W. von, Die Reise zu den Mongolen 1253–1255, übersetzt und erläutert von F. Risch, Leipzig 1934.
Salles, J. F., Achaemenid and Hellenistic Trade in the Indian Ocean, in: J. Reade (Hrsg.), The Indian Ocean in Antiquity, London 1996, 251–268.
Schmieder, F., Europa und die Fremden. Die Mongolen im Urteil des Abendlandes vom 13. bis in das 15. Jahrhundert, Sigmaringen 1994.
Schneider, U., Die großen Felsen-Edikte Aśokas. Kritische Ausgabe, Übersetzung und Analyse der Texte, Wiesbaden 1978.
Schneidmüller, B., Die mittelalterlichen Destillationen Europas aus der Welt, in: Lohse, T./B. Scheller (Hrsg.), Europa in der Welt des Mittelalters, Berlin 2014, 11–32.
Schottenhammer, A., The Maritime Trade of Quanzhou (Zaitun) from the Ninth through the Thirteenth Centuries, in: S. Conermann (Hrsg.), Der Indische Ozean in historischer Perspektive, Hamburg 1998, 89–108.
Schottenhammer, A./P. Feldbauer (Hrsg.), Die Welt 1000–1250, Wien 2011a.
Schottenhammer, A., 1000–1250, Kontinentale und maritime Vernetzung in der mittelalterlichen Welt, in: Dies./P. Feldbauer (Hrsg.), Die Welt 1000–1250, Wien 2011b, 12–28.
Sen, T., Buddhism, Diplomacy and Trade: The Realignment of Sino-Indian Relations, 600–1400, Honolulu 2003.
Sen, T., The Military Campaigns of Rajendra Chola and the Chola-Srivijaya-China Triangle, in: H. Kulke/K. Kesavapani/V. Sakhuja (Hrsg.), Nagapattinam to Suvarnadwipa. Reflections on the Chola Naval Expeditions, Singapore 2010, 61–75.
Sen, T., Maritime Interactions between China and India: Coastal India and the Ascendancy of Chinese Maritime Power in the Indian Ocean, in: Journal of Central Eurasian Studies 2 (2011), 41–82.
Sen, T. (Hrsg.), Buddhism Across Asia. Networks of Material, Intellectual and Cultural Exchange, Singapore/Delhi 2014.
Sharma, R. S., Indian Feudalism: c. 300–1200, Calcutta 1965.
Sharma, R. S., Early Medieval Indian Society. A Study in Feudalism, Hyderabad 2001.
Southern, R. W., Das Islambild des Mittelalters, Stuttgart 1981.
Subrahmanyam, S., Connected Histories: Notes towards a Reconfiguration of Early Modern Eurasia, in: Modern Asian Studies 31,3 (1997), 735–762.
Talbert, R. J. A., Rome's World: The Peutinger Map Reconsidered, New York 2010.
Thapar, R., Aśoka and the Decline of the Mauryas, Delhi 1973.
Tibbetts, G. R., A Study of the Arabic Texts Containing Material on South-East Asia, Leiden 1979.
Varthema, L. de, Reisen im Orient. Eingeleitet, übersetzt und erläutert von F. Reichert, Sigmaringen 1996.
Wallerstein, I., Das moderne Weltsystem. Die Anfänge kapitalistischer Landwirtschaft und die europäische Weltökonomie im 16. Jahrhundert, Frankfurt/Wien 1986.
Watt, W. M., Der Einfluß des Islam auf das europäische Mittelalter, Berlin 1988.

Weber, E., Tabula Peutingeriana. Codex Vindobonensis 324, Österreichische
   Nationalbibliothek, Wien. Kommentiert von E. Weber, Graz 1976.
Weiers, M., Von Ögödai bis Möngke. Das mongolische Großreich, in: Ders. (Hrsg.), Die
   Mongolen. Beiträge zu ihrer Geschichte und Kultur, Darmstadt 1986.
Weiers, M., Herkunft und Einigung der mongolischen Stämme: Türken und Mongolen, in:
   S. Conermann/J. Kusber (Hrsg.), Die Mongolen in Asien und Europa, Frankfurt 1997,
   27–40.
Weiers, M., Geschichte der Mongolen, Stuttgart 2004.
Wheeler, R. E. M., Arikamedu: A Roman Trading-Station on the East Coast of Indian, in: Ancient
   India 2 (1946), 17–124.
Wiechmann, R., Arabische Münzfunde des 8. bis 11. Jahrhunderts im Ostseeraum, in:
   U. Hübner/J. Kamlah/L. Reinfandt (Hrsg.), Die Seidenstraße. Handel und Kulturaustausch
   in einem eurasiatischen Wegenetz, 2. Auflage, Hamburg 2004, 169–186.
Wiesehöfer, J., Mare Eythraeum, Sinus Persicus und Fines Indiae. Der Indische Ozean in
   hellenistischer und römischer Sicht, in: S. Conermann (Hrsg.), Der Indische Ozean in
   historischer Perspektive, Hamburg 1998, 9–37.
Wiesehöfer, J., Griechen, Iraner und Chinesen an der Seidenstraße, in:
   U. Hübner/J. Kamlah/L. Reinfandt (Hrsg.), Die Seidenstraße. Handel und Kulturaustausch
   in einem eurasiatischen Wegenetz, 2. Aufl., Hamburg 2005, 17–34.
Wiesehöfer, J., Parther und Sasaniden: Imperien zwischen Rom und China, in:
   M. Gehler/R. Rollinger (Hrsg.), Imperien und Reiche in der Weltgeschichte.
   Epochenübergreifende und globalhistorische Vergleiche, 2. Bd., Wiesbaden 2014,
   449–478.
Wiesehöfer, J., Das frühe Persien, 5. Auflage, München 2015.
Wilhelm, G., Mitan(n)i, in: Reallexikon der Assyriologie, Bd. 8. De Gruyter 1993–1997,
   286–296.
Zöllner, R., Die Ludowinger und die Takeda. Feudale Herrschaft in Thüringen und Kai no kuni,
   Bonn 1995.

Zu Person und Werk des Autors

Prof. Dr. Hermann Kulke, geboren 1938 in Berlin, wurde 1967 in Freiburg/Br. in Indologie mit einer Dissertation über die südindische Tempelstadt von Chidambaram promoviert und habilitierte sich nach intensiven Sprachkursen an der Universität Yale (USA) sowie an der School of Oriental and African Studies (London) 1975 in Heidelberg; 1988 wurde er auf die Professur für Asiatische Geschichte an der Universität Kiel berufen, wo er bis zu seiner Pensionierung 2003 lehrte.

Als Gastprofessor und Research Fellow war er in Kalkutta, Singapur und New Delhi; er war maßgeblich beteiligt an dem bedeutenden Forschungsprojekt über Orissa (1970 – 1975/1999 – 2005) und wurde national und international vielfach ausgezeichnet (Goldmedaille der Asiatic Society in Kalkutta 2006, Verdienstorden Padma Shri des Staatspräsidenten von Indien 2010, Verdienstorden der Bundesrepublik Deutschland 2011).

Hermann Kulkes Spezialgebiete sind die vorkoloniale Geschichte Süd- und Südostasiens, die regionalen Staatsbildungen in Indien, die hinduistische Königsideologie, die Indisierung Südostasiens sowie Studien zum Indischen Ozean.

Publikationen (in Auswahl): The Devaraja Cult of Angkor, Cornell University 1978; Geschichte Indiens, mit D. Rothermund, Stuttgart 1982, ³1998; engl. London ⁶2016; Kings and Cult: State Formation and Legitimation India and Southeast Asia, Delhi 1993; (Hrsg.), The State in India 1000 – 1700, Delhi 1995; (Hrsg.), Nagapattinam to Suvarnadwipa. Reflections on the Chola Naval Expeditions to Southeast Asia, Singapur 2009; (Hrsg. mit B. P. Sahu), Interrogating Political Systems. Integrative Processes and States in Pre-modern India, Delhi 2015.

www.ingramcontent.com/pod-product-compliance
Lightning Source LLC
Chambersburg PA
CBHW070939180426
43192CB00039B/2381